Simple & Useful

シンプルで使いやすい、
組み合わせ自在のフレーズ2650

Writing Letters and E-mails in English

Eメール・手紙で使う英語表現集

石橋和代 著

そのまま使える例文を組み合わせるだけで、
〈気持ちが的確に伝わる〉〈きちんとした〉文章が
気軽に書けるようになる！

まえがき

　手紙やEメールを出したい気持ちはあるのに、いざ出そうとするとなかなか書けない、という方は多いのではないかと思います。また、やっと見つけたペンパルなのに2, 3回やりとりをしただけで、すっかり疎遠になってしまったという経験をお持ちの方もいらっしゃるでしょう。

　私自身、書こうと思っていながら、つい日が経ってしまった、という経験は何度もあります。そして、なぜすぐ書けなかったんだろう？ と振り返ってみると、たいていは長く書こうと思っていたときなのです。長く書こうという意識があると、「今は忙しいから」「あとでゆっくり」あるいは、「旅行から帰ってきてからにしよう。そうすれば、旅行の報告も書けるし…」などと思ってしまい、そのために先延ばしにしてしまいます。しかし、手紙やEメールをもらう立場になって考えてみたらどうでしょう？ 例えば半ページの手紙を1ヶ月に1回もらうのと3ページに及ぶ手紙を半年に1回もらうのとでは、半ページの手紙を1ヶ月ごとにもらう方がうれしくありませんか？ Eメールはもちろん、手紙だって短くていいのです。短くても間違いだらけの英文でも、出したいと思ったときにすぐに出した方が、気持ちが伝わるのではないかと思います。

　気軽に身近なニュースを相手に伝えることができたら、という思いを込め、本書には、「髪を切った」「ビデオをレンタルした」といった、ごく平凡な日常生活の中における近況報告などを中心として、短い例文を数多く収めました。本書が、読者の皆さんにとって、手紙やEメールでの交流をより幅広く、そしてより一層楽しむきっかけとなれば幸いです。

　最後に、本書の英文を校正してくださったBonnie Lockwoodさん、また編集にあたってくださった新谷友佳子さんに心より感謝申し上げます。

著者

Eメール・手紙で使う英語表現集

CONTENTS

まえがき

手紙・Eメールの基本……9
はじめに／手紙の形式／封筒の書き方／Eメールの形式

Chapter1 基本の表現

① 書き出しのフレーズ……20

② 結びのフレーズ……20

③ Eメールで使われる略語・スマイリー……24

④ Eメールに関する表現……25

Chapter2 健康

① 相手の健康を尋ねる……30

② 自分の健康状態を語る……32

Chapter3 近況（ちょっとうれしいニュース）

① ラッキーでした！……40

② 見つかりました！……41

③ 選ばれました！……42

Chapter4 近況（ちょっといやなニュース）

① ケンカしちゃった！……46

② 叱られました……47

③ ダメでした……48

④ 失敗しちゃった……49

Chapter5 近況（マイブーム）

① 温泉……52

② コーヒー……53

③ 書道……55

④ プラモデル……56

⑤ ヘルシーな生活……57

Chapter6 近況（週末）

① 静かな週末……60

② 散歩……61

③ 家事……62

④ 髪を切りました……63

⑤ 出かけました……64

Chapter7 近況（忙しい）

① 勉強で忙しい……68

② 就職活動で忙しい……70

③ 仕事が忙しい……72

④ 家のことで忙しい……75

Chapter8 親戚・知人の近況

① 仕事のこと……78

② テスト……82

③ 運転免許……83

④ デート・結婚・妊娠・出産……84

⑤ 連絡がないのですが……86

⑥ 偶然会いました……88

⑦ 集まりました……89

Chapter9 食事

① 朝食……92

② 昼食……94

③ 夕食……96

④ おやつ・夜食……99

⑤ 外食……100

Chapter10 買い物

① ショッピング……104

② セール……106

③ 季節の買い物……107

Chapter11 誘い・招待

① 会いたくなったら………110

② 映画などへの誘い……112

③ 会う日時を決める……114

④ 会う場所を決める……116

⑤ 映画などへの誘いの返事
（OKするとき）……118

⑥ 映画などへの誘いの返事
（断るとき）……121

⑦ パーティーの企画……123

⑧ パーティーへの誘い
（ホームパーティー）……125

⑨ パーティーへの誘い
（レストランなどで）……126

⑩ パーティーへの招待の返事……128

⑪ 結婚式・披露宴への招待……129

⑫ 結婚式・披露宴への招待の
返事……130

⑬ 遠く離れている友達と
会う……131

Chapter12 お祝い

① 誕生日……134

② 入学……134

③ 卒業……136

④ 就職・昇進……137

⑤ 仕事……139

⑥ 婚約・結婚・結婚記念日……140

⑦ 出産……141

⑧ 全快・退院……142

⑨ その他……142

Chapter13 お礼

① 手紙・カード・Eメールの
お礼……146

② 贈り物のお礼……147

③ 招待へのお礼……153

④ 励ましてくれた人・相談にのっ
てくれた人へ……155

⑤ お見舞いのお礼……156

⑥ お世話になった人へのお礼……158

Chapter14 お詫び

① 返事が遅くなったとき……162

② 遅刻したとき……164

③ キャンセルしたとき……166

④ 誤解が生じたとき……168

⑤ 失敗をしたとき……170

Chapter15 励まし

① 病気・けがをした人へ……176

② 災害にあった人へ……178

③ 仕事を失った人へ……179

④ 失恋・離婚をした人へ……180

⑤ お悔やみ……181

Chapter16 依頼

① 旅行をしたいとき……184

② 買い物を頼みたい……186

③ 送り迎えを頼みたい……187

④ チケットをとりたい……187

⑤ 何かを貸して欲しいとき……188

⑥ 英語の勉強をしたいとき……190

Chapter17 お知らせ

① 引っ越しのお知らせ……194

② 病気・けがの回復……198

③ 試験に合格……200

④ テストの失敗……201

⑤ 就職……202

⑥ 昇進・転勤……203

⑦ 婚約・結婚……205

⑧ 出産・子供の成長……206

Chapter18 季節のことば

① クリスマス・お正月……210

② 春……211

③ 梅雨……212

④ 夏……213

⑤ 秋……214

⑥ 冬……215

Chapter19 日本について

① 生活習慣……218

② スポーツ……219

③ 映画……221

④ 音楽……222

⑤ 子供の生活……223

⑥ 保育・教育制度……224

⑦ 不況……225

Chapter20 ペンパル募集

① ペンパルを募集する……228

② ペンパル募集のコーナーで見つけた人へ……231

③ 手紙・メールをもらったとき……234

Chapter21 自己紹介

① 自己紹介をします……238

② 名前・年齢・出身……238

③ 家族……239

④ 自分や家族・友達の性格……242

⑤ 容姿・ファッション……244

⑥ 仕事について……247

⑦ 趣味……253

⑧ 住んでいるところについて……259

⑨ 学校のこと……262

⑩ 相手のことについて尋ねる……267

手紙・Eメールの基本

▶はじめに

　この10年くらいでEメールが私たちの生活の中にすっかり定着しました。Eメールというのは、瞬時にして相手に届き、切手を貼ったり、ポストに投函したり、という手間が省けるとても便利なツールです。海外にいる相手にさえもすぐに届くのですから、ありがたいものですね。手紙を書くとなると、おっくうだけれど、Eメールなら気軽に、何通でも出せる、という人も多いでしょう。Eメールという手段を使えば、海外にもたくさんペンパルが作れそうです。

　Eメールの普及と共に、手紙を書く機会はずいぶん減りました。しかし、だからと言って、手紙をまったく書かないということはありませんね。手紙にはEメールにはないよさがあります。手紙を読むと、書いた人の字体やその人が選んだ便箋や封筒のデザインから、その人の心のぬくもりがこめられているのを感じます。なつかしい人からの手紙などの場合はなおさら、その人の以前と変わらない字体が、懐かしさを倍増させてくれます。

　伝達手段という意味においては、手紙もEメールも変わりません。伝えたい内容や、相手との関係によって、Eメールと手紙とをうまく使い分けましょう。

▶手紙の形式

　ビジネスレターのようなフォーマルな手紙には、本文を書き出す前に、①差出人の住所、②日付、③受取人の氏名・住所、④挨拶、そし

て本文を書き終わった後に、⑤結句、⑥サインを入れます。

　家族、友人、知人などに出すパーソナルレターであれば、①差出人の住所や③受取人の氏名・住所は省略します。

　また、手紙にはすべての行を左端から書き始めるフルブロック式と、差出人の住所、日付、結句、サインを右寄りに書くセミブロック式とがあります。フルブロック式はタイピングしやすく、ビジネス向きと言えます。

▶フルブロック式のビジネスレター

①差出人住所	1-12-23 Marunouchi Chuo-ku, Tokyo 100-0011 Japan
②日付	April 5, 2004
③受取人氏名・住所	Mr. David White 175 Pine Avenue Verdun, Quebec H1E 2B3 Canada
④挨拶	Dear Mr. White,
本文	Thank you for your letter. I've finished with my manuscript. I'd appreciate it if you could check and return it to me by May 15. Thank you in advance.
⑤結句	Sincerely yours,
⑥サイン	*Masafumi Ikeda* Masafumi Ikeda

▶ セミブロック式のビジネスレター

```
                        1-12-23 Marunouchi      ① 差出人
                        Chuo-ku, Tokyo             住所
                        100-0011 Japan
                              April 5, 2004     ② 日付
```

③ 受取人　　Mr. David White
氏名・住所　175 Pine Avenue
　　　　　　Verdun, Quebec
　　　　　　H1E 2B3 Canada

④ 挨拶　　　Dear Mr. White,

本文　　　　Thank you for your letter.
　　　　　　I've finished with my manuscript.
　　　　　　I'd appreciate it if you could check and
　　　　　　return it to me by May 15.
　　　　　　Thank you in advance.

　　　　　　　　　　　　　Sincerely yours,   ⑤ 結句

　　　　　　　　　　　　　Masafumi Ikeda
　　　　　　　　　　　　　Masafumi Ikeda   ⑥ サイン

▶パーソナルレター

②日付 — April 5, 2004

④挨拶 — Dear Julie,

本文:

How are you doing?
I'm sorry that I didn't contact you sooner.

Did I tell you that I started going to the gym?
I go to the gym after work twice a week.
Using the machines is much fun.

I'm sending some pictures that I took at
Lucy's party.
I hope you enjoy them.

⑤結句 — Best regards,

⑥サイン — *Mari*

Mari

① 差出人住所

　　相手の住所は、相手から教えてもらった通りに真似て書けばいいので、問題はむしろ自分の住所の書き方ですね。日本語の住所の記述の仕方とは逆で、番地→町村名→区・市・郡→都道府県名というように、小さい区分から大きい区分へと書いていきます。最後に郵便番号がきます。国外への手紙ならば、さらに国名を付け加えます。

② 日付

　　日付は必ず入れましょう。April 5, 2004 は月名を数字にして、4/5/2004 としてもかまいません。

③ 受取人氏名・住所

　　受取人の名前をまず書き、その後に住所を書きます。また、受取人の肩書きを入れたい場合は、名前の次の行に入れます。

　（例）Mr. David White
　　　　Sales Manager
　　　　ABC Department Store
　　　　175 Pine Avenue
　　　　Verdun, Quebec
　　　　H1E 2B3 Canada

④ 挨拶

　　ビジネスレターでは、Dear + 敬称（Mr. / Mrs. / Miss / Ms.）＋姓（Last Name）という挨拶をまず入れます。

　　男性には Mr. 既婚女性には Mrs. 未婚女性には Miss を使います。相手の女性が結婚しているのかどうかがわからない時は Ms. を用います。最近では既婚・未婚の区別を避けるため、Ms. が好まれる傾向もあります。

敬称には、Dr. や Professor など相手の肩書きを入れることもあります。敬称の後は、フルネームではなく、姓だけを書くのが普通です。ただ、名前だけがわかっていて、性別がわからないときは、Dear Alexis White, のように、フルネームを書いてもよいでしょう。また、企業などにむけて手紙を出す場合で、相手の名前が特定できないときは、Dear Sirs / Madams, のようにします。

　パーソナルレターでは、Dear Lynn, のように、Dear ＋名（First Name）とすることがほとんどです。ホームステイ先など、夫妻にあてて手紙を出すときは、Dear Mr. & Mrs. White, のようにします。

　ビジネスレターの場合でもパーソナルレターの場合でも、挨拶の時の名前の後には、コンマかコロンを打つことを忘れずに。

　（例）Dear Julie,
　　　　Dear Julie:

⑤ **結句**

　はじめの挨拶に対して、結びの句が必要です。ビジネスレターでは、Sincerely yours, のような表現を使うことが多いようです。パーソナルレターでは、Regards, Best regards, Best wishes, Your friend, Yours, All the best, などの表現が一般的です。新しく知り合った相手ならば、Your new friend, また、なかなか会えないような所に住む相手に対してならば、Your friend in Tokyo, といった表現も使われます。また。特に親しい相手に対しては、With love, のような句を使うのもよいでしょう。

　句読点ですが、結句のときは、コンマを打つのが普通です。

⑥ **サイン**

　手紙の最後にサインをします。ビジネスレターでは、フルネームのサインが必要ですが、ファーストネームで呼び合うような相手への

パーソナルレターでは、ファーストネームだけでOKです。大事なことは、手書きでサインをするということです。パソコンやワープロを使って手紙を書く場合は、結句の下に1行分あけて、名前を入力しておき、最後にそのあけておいた部分に手書きのサインを入れます。

▶封筒の書き方

アメリカ式では、封筒の表面に差出人の名前・住所と受取人の名前・住所の両方を書きます。この場合、差出人の名前・住所は左上に、受取人の名前・住所は中央に書きます。イギリス式では、封筒の表面に受取人の名前・住所を書きますが、差出人の名前・住所は裏面に書きます。なお、航空便の場合は、表面にAir Mailと朱書きしておきます。

▶アメリカ式
封筒の表面

```
Hiroko Nakano
1-2-3-405 Marunouchi
Chuo-ku, Tokyo
110-0011 Japan


            Mr. David White
            175 Pine Avenue
            Verdun, Quebec
            H1E 2B3 Canada

Air Mail
```

▶ イギリス式
封筒の表面

```
                Mr. David White
                175 Pine Avenue
                Verdun, Quebec
                H1E 2B3 Canada


Air Mail
```

封筒の裏面

```
        Hiroko Nakano
        1-2-3-405 Marunouchi
        Chuo-ku, Tokyo
        110-0011 Japan
```

▶ Eメールの形式

　Eメールの場合、日付や送信者のメールアドレスは記録されて送信されるので、書く必要がありませんし、はじめの挨拶・結句・署名なども省略できます。Eメールは、すぐに相手に要件を伝えられる便利なツールですから、形式にこだわって書くのがおっくうになるようでは、意味がないのです。ただ、年配の人ほど手紙の形式に準じて、挨拶・結句・署名を添える人が多いようですが、若い人たちのメールでは、本文と署名ということも多いようです。メールアドレスから送信者が誰であるかがわかる場合も多いので、署名さえ省略することがあります。

　はじめの挨拶は、手紙と同様に、Dear Rick, とすることもありますが、もっと気軽に Hi Rick, Hello Rick, などと相手に呼びかけたり、Hi there, Hello! のようにただ挨拶をするだけで、Dear という表現を使わないことの方が多いようです。結句は省略することも多いのですが、書く場合は、手紙と同じく、Your friend, Best regards, Best wishes, などの句を使います。最後の署名については、メールの場合、手書きというのは不可能なので、自分の名前を書くだけです。

▶挨拶・結句・署名を入れたメール

Hi Rick,

How are you doing?
I'm sorry that I didn't contact you sooner.

Did I tell you that I started going to the gym?
I go to the gym after work twice a week.
Using the machines is much fun.

I'm sending some pictures that I took at Lucy's party.

Hope to hear from you again soon.

Best wishes,
Ryoko

▶挨拶・結句を省略したメール

Yes, of course, I'd like to go to the movie!!

How about having lunch before the movie?
Let's meet at Shibuya Station at 11:30.

Talk to you soon.

Ryoko

Chapter 1
基本の表現

Hi there,

Nice to hear from you.
It would be good to learn English from you.
I'm very interested in the English language and American culture.
I'd be delighted to help you with your Japanese.

Hope to hear from you soon.

Miwa

こんにちは

ご連絡ありがとう。
あなたから英語を習えるとうれしいです。
私は、英語にもアメリカの文化にも、とても興味を持っています。
あなたの日本語の勉強のお手伝いは喜んでしますよ。

ではまた。

ミワ

1 書き出しのフレーズ

こんにちは!!	Hello!!
こんにちは	Hi there,
こんにちは、リン	Hello Lynn,
こんにちは、リン	Hi Lynn,
またまた、こんにちは！	Hello again!
ご連絡ありがとう。	Great to hear from you.
ご連絡いただいてありがとう。	It was nice to hear from you.
お手紙ありがとう。	Thank you for your letter.
ロンドンからお便りしています。	I'm writing from London.

2 結びのフレーズ

▶この辺で

この辺で筆を置かなければ。	I have to stop now.
この辺で筆を置きましょう。	I had better go.
それでは、この辺で仕事に戻らなくては。	Well, I have to go back to work.

今回はこの辺で。	That's all for this time.
バイバイ。	Bye.
この辺で。	Bye for now.
よい週末を。	Have a good weekend.

▶またね

後でね。（Eメールで）	Later.
また後でお話ししましょう。（Eメールで）	Talk to you later.
またすぐにお話ししましょう。（Eメールで）	Talk to you soon.
またすぐに連絡します。	I'll get back to you soon.
連絡を取り合いましょうね。	Please keep in touch.
絶対連絡します。	I promise to keep in touch with you.
じゃあまた会おうね。	See you.
じゃあ、来週ね。	See you next week.
じゃあ、そのときに。	See you then.
それではパーティーで。	See you at the party.

▶ 返事をください

メールをください。	Please e-mail me.
返事をください。	Please send me a reply.
できるだけ早くお返事ください。	Write me back as soon as possible.
お体に気をつけて。そしてすぐにお手紙をください。	Take care and write soon.
すぐにお返事いただけることを願っています。	Hope to hear from you soon.
すぐにお便りいただけるのを、楽しみにしています。	I look forward to hearing from you soon.
時間があったら連絡をください。	Please drop me a line when you get a chance.
名古屋に着いたらメールをください。	E-mail me when you arrive in Nagoya.
本が届いたらお知らせください。	Please let me know when the book arrives.

▶ よろしく

ご家族の皆さんによろしくお伝えください。	Say hello to your family.
お母様によろしくお伝えください。	Please give my best regards to your mother.

ヒロミチからあなたによろしくとのことです。	Hiromichi sends you his best regards.

▶お返事がまだですが…

しばらくご連絡をいただいていませんが、お変わりないですか？	I haven't heard from you for a while, but is everything OK over there?
前回の私の手紙にまだお返事をいただいていないのですが。	I haven't received your reply to my last letter yet.
今月初め、お手紙を出したのですが、届きましたか？	I sent a letter to you earlier this month. Did you receive it?
先週メールを出したのだけれど、お返事がまだみたいです。	I e-mailed you last week, but you haven't got back to me.
私の手紙が届いたかどうか、ちょっと気になっただけです。	I was just wondering if my letter has arrived.
まだお返事をいただいていません。すぐにご連絡いただければ幸いです。	I haven't received your reply. I hope to hear from you soon.
またお尋ねして悪いんだけど、私の手紙、届いてる？	Sorry to ask again, but have you received my letter?

3 Eメールで使われる略語・スマイリー

ASAP = as soon as possible

BTW = By the way

BFN = Bye for now

L8R = later

msg = message

P.S. = Post Script

RSVP = Répondez s'il vous plaît.　　＊これはEメールでなくても使われます。
(Please reply.)

TNX = thanks

TTFN = ta ta for now

y/o = years old

2 = to

4 = for

u = you

:-)（スマイル）

:-D（大笑い）

;-)（ウィンク）

:-(（悲しい顔）

:'(（泣き顔）

:-O（驚き）

4 Eメールに関する表現

▶メールアドレス

新しいメールアドレスを取得しました！	I've got my new e-mail address!
新しいメールアドレスのご連絡です。	I'm writing to let you know my new e-mail address.
メールアドレスが変更になりました。	My e-mail address has changed.
勤務先のアドレスへメールしてください。	Please e-mail me at work.
私のプライベートのメールアドレスは以下の通りです。	My private e-mail address is as follows.
来週は家を空けますが、以下のアドレスで連絡がとれます。	I'll be out of town next week, but you can reach me at the following address.
新しいアドレスへのテスト送信です。返信をお願いします。	I'm just testing your new address. Please reply.
メールを受信しました。ありがとうございます。	I received your e-mail. Thank you.
リサにメールを送ったのですが、戻ってきてしまいました。	I e-mailed Lisa, but the e-mail was bounced back.
彼女のアドレス、ご存知ですか？	Do you know her e-mail address?

来週はメールのチェックができません。	I won't be able to check my e-mail next week.
このメールアドレスは今月末まで使えます。	My e-mail address is effective until the end of this month.
まもなくネットに接続できなくなります。ご連絡は電話またはファックスでお願いします。	I'll be off-line soon. Please contact me by phone or fax.
新しくメールアドレスを取得したら、すぐにメールを出します。	I'll send you an e-mail as soon as I get a new e-mail address.

▶添付ファイル

ディヴィッドからのメモを転送します。	I'm forwarding this memo from David.
リストを貼り付けます。	I'm pasting the list.
ファイルを添付します。	I'm attaching the file.
メンバーの住所録を添付します。	I'm attaching the list of the members' addresses.
もし、添付した書類が読めないようでしたら、お知らせください。	If you can't read the attached document, please let me know.
メールと添付ファイルをありがとう。	Thank you for your e-mail and file attachment.
書類が読めません。再送してください。	I can't read your document. Please resend it.

文書をメールの本文に貼り付けて送ってもらえますか？	Can you send the document pasted in the body of your e-mail?

▶ホームページ

今、ホームページを作っているところです。	I'm making my webpage.
ホームページを作るのに苦労しています。	I'm having trouble making my webpage.
次の週末までにはホームページを作り終えられるといいのですが。	I hope I can finish making my webpage by next weekend.
ホームページを作成しました。ご覧ください！	I've made my webpage. Please visit it!
私は自分のホームページを持っています。是非ご覧ください。	I have my own webpage. Do visit it.
私は毎月自分のホームページを更新しています。	I update my webpage monthly.
ホームページを更新しました。	I've updated my webpage.
ホームページ開設おめでとう！	Congratulations on your webpage!
あなたのホームページを見ました。楽しいですね！	I visited your webpage. It's fun!
ポールのホームページ、見ましたか？	Have you visited Paul's webpage?
彼のホームページを送りますね。とてもきれいですよ。	I'm sending his page. It's very beautiful.

| 彼のホームページの URL は上記の通りです。 | The URL of his webpage is as above. |

あなたが先日おっしゃっていた、料理に関するサイトの URL を教えてください。

Please let me know the URL of the cooking site you mentioned the other day.

そのページにアクセスできました。

I was able to access the webpage.

Chapter 2

健康

Dear Susan,

Thank you for your letter.
I was glad to know that you're doing fine.

I took two days off last week because I had a bad cold.
I had a high fever and no voice.
It was miserable.
But now I'm feeling much better.

I think I'll be able to see you next Sunday.
See you then.

Your friend,

Minako

Minako

スーザンへ

お手紙ありがとう。
元気そうでよかったです。

私は風邪をひいて、先週2日間休みをとりました。
高熱が出て、声が出なくなってしまったんです。
みじめなものでした。
でも、今はだいぶよくなってきています。

今度の日曜日はお会いできると思います。
では、その時に。

かしこ
ミナコ

1 相手の健康を尋ねる

元気ですか？	How are you?
元気にやっていますか？	How are you doing?
いかがお過ごしでしたか？	How have you been?
お元気でお過ごしのことと思います。	I hope you are doing fine.
お元気そうで何よりです。	I'm glad you are doing fine.
ご家族は元気ですか？	How is your family?
皆さん、お元気でいらっしゃると思います。	I hope this finds all well.
ご家族の皆様もお元気でお過ごしのことと思います。	I hope all your family are doing well.
昨日はとても具合が悪そうでしたが、いかがですか？	You looked very sick yesterday. How are you?
少しはよくなりましたか？	Are you feeling any better?
風邪をひいたとはお気の毒です。	I was sorry to hear that you caught a cold.
風邪は治りましたか？	Have you recovered from your cold?
よくなってきているとのこと、よかったですね。	I was glad to hear that you are getting better.

風邪が治ったとのこと、よかったですね。	I was glad to know that you've recovered from your cold.
脚に怪我をしたと聞いて、びっくりしました。	I was surprised to hear that you injured in your leg.
怪我の具合はいかがですか？	How is your injury?
右手を怪我したんですって？大丈夫ですか？	You injured in your right hand? Are you all right?
あなたの怪我がひどい怪我ではないと聞いて、ほっとしました。	I was relieved to hear that your injury isn't so serious.
あなたが足首を捻挫したと、ジェニーからメールをもらいました。心配しています。	Jenny e-mailed me that you twisted your ankle. I'm worried about you.
大会の前に腕を骨折なさったのは残念です。	I was sorry to hear that you broke your arm before the competition.
あなたのお母様から、あなたの傷が治ってきているとお聞きして、うれしかったです。	I was glad to hear from your mother that your injury is healing.
痛みがなくなったとのこと、よかったですね。	I was glad to hear that your pain had gone.
傷は完治しましたか？	Has your injury fully healed?

▶ 2

健康

2　自分の健康状態を語る

▶元気です

私は元気です。	I'm doing well.
私も元気です。	I'm fine, too.
私たちは皆元気です。ありがとう。	We are all fine, thank you.

▶なんとか大丈夫です

お手紙ありがとう。気分がよくなりました。	Thank you for your letter. I feel better.
ちょっと疲れていますが、明日はもう大丈夫でしょう。	I'm a bit tired, but I'll be OK tomorrow.
昨夜はお腹が痛かったのですが、今日は大丈夫です。	I had a stomachache last night, but I'm OK today.
風邪が治りました。ありがとう。	I've recovered from my cold. Thank you.

▶体調がよくありません

あまり体調がよくありません。	I'm not feeling too well.
ストレスがたまっています。	I feel stressed out.
ストレスを解消する方法を学ぶべきなのでしょう。	I'd better learn how to relieve my stress.

あなたは、どうやってストレスを解消していますか？	How do you control your stress?
元気が出ません。	I have no energy.
少し睡眠をとらなければなりません。	I need some sleep.
少し休養をとらなければなりません。	I need some rest.
多分、昨夜飲み過ぎたのでしょう。	Perhaps I drank too much last night.
胃の調子がおかしいです。	I have a stomach problem.
胃が気持ち悪いです。	I have an upset stomach.
今朝は電車の中が暑すぎて、気分が悪くなりました。	It was too warm in the train, and I felt sick this morning.
気分が悪くなって、授業を早退しました。	I left class a little early because I felt sick.

▶風邪をひきました

風邪をひいたみたいです。熱っぽい感じがします。	I think I've caught a cold. I feel feverish.
この１週間、ずっと風邪をひいています。	I've had a cold for a week.
鼻水が出ます。	I have a runny nose.
咳は出ないのですが、鼻づまりがあります。	I don't have a cough but a stuffy nose.
のどが痛いです。	I have a sore throat.

のどが腫れている感じがします。	I feel my throat swollen.
咳が少し出ます。	I have a slight cough.
ひどい風邪にかかりました。	I had a bad cold.
ちょっと熱っぽいし、寒気がします。	I'm a bit feverish and feel chilly.
高熱が3日間続きました。	I had a high fever for three days.
電話をありがとう。熱は下がりました。	Thank you for calling. My fever has gone down.
今度の日曜日はビルのバースデーパーティーなので、早く治るといいな、と思っているところです。	I'm going to Bill's birthday party next Sunday, so I hope I'll get better soon.
先週はインフルエンザにかかりました。	I had the flu last week.
インフルエンザの予防接種を受けておくべきでした。	I should have got a flu shot.
節々が痛かったです。	I had aching muscles.
ぐったりして、何もする気が起きませんでした。	I was exhausted, and didn't feel like doing anything.
今朝はベッドから起き上がる元気がありませんでした。	I didn't have the energy to get out of bed this morning.
風邪が治りません。	I can't get rid of my cold.
風邪がひどくなってきています。	My cold is getting worse.
1日休みをとるべきだったのでしょう。	I should have taken a day off.

▶花粉症なので

私は杉花粉に対するアレルギーがあります。	I'm allergic to cedar pollen.
くしゃみが出始めました。	I've started sneezing.
花粉症に苦しんでいます。	I'm suffering from hay fever.
目がかゆいです。	I have itchy eyes.
マスクなしで外には出られません。	I can't go out without a mask.
鼻づまりで、夜あまりよく眠れません。	I have difficulty sleeping at night due to my stuffy nose.
仕事に集中できません。	It's tough to concentrate on my work.

▶痛いです

ちょっと頭痛がしています。	I have a slight headache.
今朝から頭痛がしています。	I've had a headache since this morning.
肩こりのせいだろうと思います。	I think it is due to my stiff shoulders.
長時間コンピュータを使ったとき、頭痛がおこることがあります。	I sometimes get a headache after using the computer for a long time.
ひどい腰痛でした。	I had a terrible backache.
歯が痛いです。	I have a toothache.
ひどい痛みで、夜、目が覚めるくらいでした。	I woke up during the night with a terrible pain.

▶ケガをしました

夕食の準備をしていて、やけどをしてしまいました。	I burned my finger while I was preparing dinner.
指を切ってしまい、とても痛いです。	I cut my finger, and it really hurts.
2針縫いました。	I got two stitches.
自転車から落ちて、膝に打撲を負いました。	I fell off my bike and got a bruise on my knee.
サッカーをしていて、足首を捻挫しました。	I twisted my ankle while I was playing soccer.
腫れています。	It's swollen.
今は足首に包帯を巻いています。	I'm wearing a bandage round my ankle.
歩くのに苦労しています。	I can't walk easily.
左足首の骨にひびが入ってしまいました。	I cracked a bone in my left ankle.
階段を下りていて、段を踏み外したのです。	I missed a step walking downstairs.
悪いニュース！脚を骨折してしまいました。	Bad news! I broke my leg.
脚にギブスをつけています。	I wear a cast on my leg.
杖なしでは歩けませんでした。	I couldn't walk without the help of a stick.
痛みは消えつつあります。	The pain is going away.

1ヶ月もすれば、痛みは完全になくなるでしょう。	The pain will completely disappear in a month.

▶薬を飲んでいます

昨日から薬を飲み始めました。	I started taking medicine yesterday.
私は毎日3回、食後に薬を飲んでいます。	I take medicine three times daily after meals.
朝食前と夕食前に薬を飲みます。	I take medicine before breakfast and dinner.
今朝、咳止めの薬を飲みました。	I took some cough medicine this morning.
その薬がよく効きました。	The medicine worked well.
それは市販の薬でした。	It was an over-the-counter medicine.
明日、何か薬を買いに行こうと思っています。	I'm going to buy some medicine tomorrow.
漢方薬を試してみようかと思っています。	I'm going to try some Chinese herbal medicine.
医者に診てもらわなければなりません。	I have to see a doctor.
忙しくて病院に行けません。	I'm too busy to go to see a doctor.
昨日、医者に診てもらいました。	I went to see a doctor yesterday.

注射をしました。	I got an injection.
血液検査を受けました。	I took a blood test.
血液検査の結果は正常でした。	The blood test was normal.
来週、もう一度血液検査を受けなければなりません。	I have to take another blood test next week.
医者に休養をとるように言われました。	The doctor told me to take some rest.
医者から、たくさん水分をとるようにアドバイスを受けました。	The doctor advised me to drink a lot of liquids.
抗生物質と咳止めの薬をくれました。	He gave me some antibiotics and cough medicines.
2, 3日もすれば大丈夫でしょう、と言われました。	He said that I would be OK in a few days.
医者が処方箋を書いてくれました。	The doctor wrote a prescription for me.
あとで、近くの薬局で調剤してもらわなければ。	I have to get my prescription filled at a nearby pharmacy later today.

Chapter 3
近況（ちょっとうれしいニュース）

Hi there,

Glad to hear from you.

I've been busy doing the shopping for the New Year.
I've spent a lot of money.
But one good thing was that I won 50,000 yen in a lottery.
I was very lucky!

By the way, what are your plans for the New Year holidays?
Hope to hear from you soon.

Naoko

こんにちは

お手紙、ありがとう。

このところは、お正月の買い物で忙しくしていました。
お金もずいぶん使いました。
でも1つよかったのは、クジで5万円当たったことです。
とてもラッキーでした！

ところでお正月休みの予定は？
すぐにお返事くださいね。

ナオコ

1 ラッキーでした！

信じられる？クジで5万円が当たったの。

Can you believe it? I won 50,000 yen in a lottery.

今までどんなクジにも当たったことがなかったのに。

I hadn't won any lotteries before.

そんな大きな額のお金が当たるとは、期待していませんでした。

I didn't expect to win so much money.

それにしても、現金が当たったのはラッキーでした。新しいコンピュータを買わなければならないところだったので。

Anyway I was lucky that I won cash as I needed to buy a new computer.

昨日、近くの薬局で薬を買ったら、何枚かスクラッチカードをくれました。

Yesterday I bought some medicine at a nearby drugstore, and they gave me some scratch cards.

シャンプーとリンスのセットが当たりました。

I won a set of shampoo and rinse.

スーパーでやっている懸賞に応募しました。

I applied for a prize offered by a supermarket.

野球のチケットが当たったよ!!

I won a baseball ticket!!

明日の歴史の授業が休講になっているよ！

The history class tomorrow is canceled!

2 見つかりました！

昨日たまたま机の引き出しの中に、誕生日に祖母にもらった指輪を発見しました。

Yesterday I happened to find the ring which my grandmother gave me for my birthday in my desk drawer.

お気に入りの指輪の1つでした。

It was one of my favorite rings.

約1ヶ月前になくしたものでした。

I had lost it about a month before.

部屋中のいたるところを探したのですが、見つかりませんでした。

I looked for it everywhere in my room but couldn't find it.

なくなったものと諦めていました。

I gave it up for lost.

ついに語学学習のためのすばらしいサイトを見つけました。

I've finally found a great site on language learning.

語学学習のための多くのサイトを見てみたのですが、満足のいくサイトはありませんでした。

I visited many sites on language learning, but none of them were satisfying.

そのサイトでは、ペンパルを見つけることもできるし、チャットも楽しめるし、語学学習のためのコツを学んだり、語彙を増やしていくことができます。

You can find pen pals, enjoy chatting online, learn tips for learning foreign languages, and build your vocabulary there.

論文のために読んでおかなければならない本を手に入れました。

I got the book I need to read for my thesis.

図書館に行ってみたのですが、その本はないと言われました。

I went to the library, but they said they didn't have it.

近況（ちょっとうれしいニュース）

それから何軒かの大きな書店に行きましたが、手に入りませんでした。	Then I went to some major bookstores, but couldn't get it.
ラッキーなことに、今日たまたま古本屋で欲しかった本を見つけました。	Luckily I happened to find the book I had wanted in a secondhand bookstore today.

3　選ばれました！

明日の試合のスタメンに選ばれて、とてもうれしく思いました。	I was very glad that I was selected as a starting member for the game tomorrow.
初めて昨日、スタメンに選ばれました。	I was selected as a starting member for the first time yesterday.
しかも、僕たちのサッカーチームは昨日の試合で勝ったのです。	What is more, our soccer team won the game yesterday.
町で2番目に強いチームに勝てたので、とてもうれしかったです。	We were all happy that we won against the second strongest team in our town.
3対1で試合に勝ちました。	We won the game 3-1.
写真コンテストで入賞しました。	I won a prize in a photo contest.
コンテストのペット部門に、私の犬の写真の1枚を提出していました。	I had submitted one of my photos of my dog in the pet category of the contest.

賞がとれるなんて思ってもいませんでした。	I hadn't expected that I would won a prize.
私の写真が来月2週間、AAAギャラリーに展示されます。	My photo will be displayed in AAA gallery for two weeks next month.
町内のカラオケ大会に参加した話をしたっけ？	Did I tell you I took part in a karaoke contest in my town?
2ヶ月間、週末ごとにカラオケルームで歌の練習をしました。	I practiced singing in a karaoke room every weekend for two months.
2位になりました！	I won the second prize!
ホテルのクーポン券をもらいました。	They gave me a coupon for a hotel.
運動会のチアリーダーに選ばれました。	I was chosen as a cheer leader for the Sports Day.
先週の日曜日に運動会がありました。	We had a Sports Day last Sunday.
100m走では1位でした。	I came in first in the 100m run.
ハードル走では2位でした。	I came in second in the hurdle race.

▶3 近況（ちょっとうれしいニュース）

Chapter 4

近況（ちょっといやなニュース）

Dear Bob,

I hope everything is going well with you.

We are fine, but my mother and I had an argument about my future last night.
I want to go to an art college, but my mother opposes my idea.
She wants me to be a doctor, but that's not what I want.
I told her that she should not decide my future, and that made her angry.
I think I'm right.
What do you think?

Regards,
Masahiko
Masahiko

ボブへ

君の方は、すべてがうまくいっていることと思います。

僕たちは元気だけれど、母親と僕とは昨晩、僕の将来のことで口論したんだ。
僕は美術大学に進学したいのだけれど、母はそれに反対なんだ。
彼女は僕に医者になってもらいたいと思っている。でも、それは僕が望んでいることではないんだ。
僕が母に、あなたが僕の将来を決めるべきではない、と言ったら、母は怒ってしまった。
僕は自分が正しいと思っている。
君はどう思う？

敬具
マサヒコ

1 ケンカしちゃった！

昨日は彼と口げんかをしてしまいました。

I had an argument with my boyfriend last night.

彼はすごいサッカーファンで、クリスマスに行われるサッカーの試合のチケットを買っていました。

He is much of a soccer fan, and he got a ticket for a soccer game which is held on Christmas day.

私たちはクリスマスに、レストランに食事をしに行く約束をしていたのに、彼はそのことを忘れていたのです。

We promised to go out to a restaurant for Christmas, but he forgot about it.

彼が謝らないので、私は頭にきてしまいました。

He didn't apologize, and I got angry.

彼が謝れば許してあげるのだけれど。

If he apologized, I'd forgive him.

彼の方から電話をかけてくるのを待っているところです。

I'm waiting for him to call me up.

母と私は、私の将来のことで口論しました。

My mother and I had an argument about my future.

私はどこか美術大学に行きたいのですが、母はその考えに反対しています。

I want to go to an art college, but my mother opposes my idea.

母は私に医者になってもらいたいと思っているのですが、それは私の希望ではありません。

She wants me to be a doctor, but that's not what I want.

私が、あなたが私の将来を決めるべきではないと言ったことで、母は怒ってしまいました。

I told her that she should not decide my future, and that made her angry.

2 叱られました

昨晩ここでパーティーをやりました。楽しかったのですが、騒ぎすぎました。

We had a party here last night. We had a very good time, but we were too noisy.

近所の人が私の家に文句を言いに来ました。

One of my neighbors came to my house to complain about it.

アパートの大家さんも怒っていました。

The owner of my apartment was also angry.

今朝は、近所の人と大家さんの所へ謝りに行きました。

This morning I went to apologize to my neighbors and my landlord.

今朝は寝過ごして、電車に乗り遅れてしまいました。

I overslept and missed my train this morning.

上司よりも先に到着するように、いつも心がけているのですが、今朝は寝過ごしてしまいました。

I always try to arrive before my boss arrives, but this morning I overslept.

なんとか9時前に到着できましたが、すでに上司が到着した後でした。

I managed to arrive before 9, but the boss had already arrived.

今日は仕事に大遅刻をしてしまいました。

I was very late for work today.

上司にずいぶんしぼられました。

I got a good scolding from my boss.

3 ダメでした

テニスのトーナメントに参加しましたが、1回戦で負けてしまいました。	I took part in the tennis tournament, but lost my first match.
私たちのチームは決勝戦で負けてしまいました。	Our team lost our final game.
昨日の試合はひどい試合でした。	We had a bad game yesterday.
私たちはなぜ試合に負けたのか、話し合いました。	We discussed why we lost the game.
次のトーナメントまでには、弱点を克服しなければなりません。	We have to get over our weak points before the next tournament.
私は次の試合でスタメンではないと聞き、とても悔しかったです。	It was a bitter disappointment to hear that I wouldn't be a starting member for the next game.
それでくじけてはいけないとわかっています。	I know I shouldn't be discouraged by it.
もっと練習しなければ。	I have to practice harder.
昨日は運動会でした。	Yesterday was a Sports Day.
一生懸命走ったけれど、ビリでした。	I did my best, but came in last.
油絵のコンテストに参加しました。	I took part in an oil painting contest.

自分の作品に自信はあったのですが、落選でした。	I was confident in my work, but it wasn't accepted.
EXILEのコンサートチケットはとれませんでした。	I couldn't get the EXILE's concert ticket.
本当にコンサートに行きたかったのに。	I really wanted to go to the concert.
何度も電話しましたが、つながりませんでした。	I called over and over again but couldn't get through.
やっとチケットセンターにつながったときには、チケットはすでに完売していました。	When I finally got through to the ticket office, all the tickets were already sold out.

▶4 近況（ちょっといやなニュース）

4 失敗しちゃった

今朝は電車に乗り遅れ、授業に遅刻してしまいました。	I missed my train and was late for class this morning.
着いたときには、先生は出席をとり終えていました。	When I arrived, the teacher had finished taking the attendance.
今朝は授業の1つを欠席しました。	I missed a class this morning.
1限目の授業を4回欠席しました。	I missed my first period class four times.
あと1回欠席したら、この科目は合格できなくなってしまいます。	If I miss one more class, I won't be able to pass the class.

今朝は、通勤の満員電車の中でたまたま座ることができ、うっかり乗り過ごしてしまいました。

今朝は電車の中に傘を置き忘れてきてしまい、新しく買わなければなりませんでした。

遺失物取扱所に電話をしてみたのですが、私の傘はないとのことでした。

先日は自転車のキーも失くしてしまったんです。

不注意な人間だということは認めます。

信じられないかもしれないけれど、就職の申込書に名前を書き忘れてしまいました。

投函した後になって、そのことを思い出しました。

一番恥ずかしかったことは、先月温泉に行ったとき、間違えて男性更衣室に入ってしまったことです。

男性が数人いるのを見つけて、あまりにもびっくりし、口もきけないくらいでした。

もっと注意深くならなくちゃ。

This morning I happened to get a seat on the packed train to work and rode past my stop carelessly.

I left my umbrella on the train this morning, and had to buy a new one.

I called the lost-and-found, but they said they didn't have it.

I lost my key to my bicycle the other day, too.

I admit I'm a careless person.

Believe it or not, I forgot to include my name in my résumé.

I remembered it after I mailed it.

What was the most embarrassing was that I went into the men's changing room by mistake when I went to an onsen last month.

I was so surprised to find some men in there that I couldn't say a word.

I must be more careful.

Chapter 5
近況（マイブーム）

Hi there,

I'm back from my trip to Hakone!
I've been an onsen freak since I went to Kusatsu onsen last year.
This time we stayed at a Japanese inn with a hot spring in Hakone,
which is one of the most famous hot spring resorts in Japan.
We took a bath three times!
We had a very good and relaxing time.

How were your holidays?

Take care and write soon.
Miho

こんにちは

箱根から戻ってきました！
去年草津温泉に行って以来、温泉フリークになってしまいました。
今回は、日本で最も有名な温泉地の１つである箱根の温泉宿に
泊まりました。
私たちは３回もお風呂に入ったんですよ！
とても楽しく、ゆっくりと過ごせました。

あなたの休暇はどうでしたか？

体に気をつけて。すぐにお返事ください。
ミホ

1 温泉

私たちは先週、温泉に行きました。	We went to an onsen last week.
去年、草津温泉に行って以来、温泉フリークになってしまいました。	I've been an onsen freak since I went to Kusatsu onsen last year.
機会があれば、温泉に行きます。	I go to an onsen when I get the chance.
私は温泉が大好きです。お風呂に入るとリラックスできます。	I like onsen very much. It's relaxing to take a bath.
友達と大きな風呂に入るのは楽しいです。	It's fun to soak in a large bath with your friends.
露天風呂が大好きです。	I love rotenburo or an open-air bath.
私は硫黄の匂いが好きです。	I like the smell of sulfur.
冬にとても熱い温泉につかるのはいいものです。	It's lovely to soak in a very hot spring in the winter.
日本にはたくさんの温泉地があります。	There are a lot of hot spring resorts in Japan.
私たちは箱根温泉に行きました。箱根は日本の最も有名な温泉地の1つです。	We went to an onsen in Hakone. Hakone is one of the most famous hot spring resorts in Japan.
私たちは温泉のある日本式の宿に泊まりました。	We stayed at a Japanese inn with an onsen.

日本式の宿のことを日本語では旅館と呼びます。	A Japanese inn is called ryokan in Japanese.
私たちは3回もお風呂に入ったんですよ！	We took a bath three times!
夕食前と寝る前、そして翌朝、風呂に入りました。	We took a bath before dinner, before going to bed, and the next morning.
お湯がよかったです。白く濁り、ぬるぬるしていました。	The water was very good. It was white-muddy and smooth.
箱根に旅行したときの写真を2, 3枚送ります。	I'm sending a few pictures of my trip to Hakone.
来月は違う温泉に行きたいと思っています。	I hope to go to another onsen next month.

▶ 5 近況（マイブーム）

2　コーヒー

私はコーヒー中毒です。	I'm a coffee addict.
1日に5, 6杯、コーヒーを飲みます。	I drink 5 or 6 cups of coffee a day.
紅茶や日本茶も好きですが、コーヒーが一番好きです。	I also like tea and Japanese tea, but I like coffee most.
母はコーヒーは健康に悪いと言います。	My mother says that coffee is bad for the health.

ある雑誌には、1日2, 3杯のコーヒーは体にいいと書いてありました。	A magazine said that a few cups of coffee a day is good for your health.
半年間コーヒーをやめていたのですが、先月からまた飲むようになりました。	I quit coffee for half a year, but started drinking it again last month.
たくさんのコーヒーショップに行ってみました。	I've tried a lot of coffee shops.
ついに会社の近くに、とてもいいコーヒーショップを見つけました。	I finally found a very good coffee shop near my office.
そこのブレンドコーヒーが好きです。	I like blend coffee there.
ちょっと高いですが、おいしいです。	It's a bit expensive but tasty.
ほとんど毎日のようにそこへ行っています。	I go there almost every day.
いいコーヒー豆を求めて、いろいろな店から数種類のコーヒー豆を買っています。	I've been buying different kinds of coffee beans from different shops in search for good coffee beans.
家でおいしいコーヒーを飲みたいのです。	I want to drink good coffee at home.
私はスターバックスのキリマンジャロが最高だと思います。	I think Kilimanjaro coffee from STARBUCKS is the best.
ついに先週、コーヒーミルを買いました！	I finally got a grinder last week!

3 書道

近況（マイブーム）

今は書道にハマっています。	I'm into calligraphy.
週に1度習っています。	I take lessons once a week.
去年習い始めました。	I started to take lessons last year.
ずっと前から書道をやってみたかったのですが、機会がありませんでした。	I had long wanted to learn calligraphy, but I didn't have the chance.
先生は書道界ではとても有名な人です。	The teacher is very famous in the calligraphy world.
多くの人が彼女のレッスンを受けています。	Many people take lessons from her.
同じ趣味を持つ人たちと出会えるのはすばらしいです。	It's great to meet up with many people with the same interest.
9月に行われる書道展に参加するつもりです。	I'm going to take part in the calligraphy contest which is held in September.
レッスンは週に一度ですが、家でほとんど毎日練習をしています。	I take lessons once a week, but practice at home almost every day.
書道は徐々にしか学んでいけませんが、進歩していると思います。	I'm learning calligraphy slowly, but I feel I'm making progress.
今年は年賀状を毛筆で書きたいと思っています。	I want to write New Year cards with a brush this year.

4 プラモデル

子供の頃から私は何か物を作るのが好きでした。

I have liked creating something since childhood.

大学では美術部に所属していました。

I was a member of the art club in college.

デッサン、油絵、陶芸や工作と、好きなものはありますが、一番楽しんでいるのはプラモデル作りです。

I like drawing, oil-painting, ceramics, and handicraft, but the thing I enjoy most is making plastic models.

時々、プラモデル作りで夜更かしをしてしまいます。

I sometimes sit up very late building plastic models.

息子はアニメのヒーローもののプラモデルが好きです。

My son likes anime hero models.

先日は息子のためにガンダムを作りました。

I made a GUNDAM for him the other day.

息子はガンダムシリーズを集めているのです。

He collects the GUNDAM series.

プラモデル作りには根気が必要ですが、とても楽しいです。

Making plastic models needs patience, but it's a lot of fun.

今日はインターネットでプラモデルキットを3個注文しました。

I ordered three plastic model kits online today.

スポーツカーのプラモデルを作り始めました。

I started building a plastic model of a sports car.

仕事が忙しいので、先週以来プラモデル作りは中断されてしまっています。	My model building has been disrupted since last week as I've been busy with my work.
夏休み中に完成できるといいなと思っています。	I hope I can finish it during the summer vacation.
夏休みはプラモデル作りに戻れるいいチャンスです。	The summer vacation is a great time to get back into model building.

5　ヘルシーな生活

健康的な食事をとることや運動をすることに、とても興味があります。	I'm very interested in eating healthy and getting exercise.
なぜかはわからないのですが、最近いつも疲れています。	I don't know why, but I've been tired all the time lately.
10時間の睡眠をとっても、疲れがとれない気がしていました。	I felt tired even after getting 10 hours of sleep.
体力が落ちているのを感じました。	I felt my physical strength was declining.
健康的な生活をおくるコツを学ばなければと思いました。	I thought that I should learn some tips for living healthy.
健康的な食事に関する本を何冊か読みました。	I read some books on healthy food.

健康的なレシピをインターネットで勉強しています。	I'm learning healthy recipes online.
どんな食品が低カロリーなのかについては、ずいぶん詳しくなりました。	I've got much knowledge on what are low-calorie foods.
コーヒーをやめ、ハーブティーを飲むようにしました。	I quit drinking coffee and started drinking herbal tea.
新しいハーブティーを試してみるのはとても楽しいです。	It's much fun to try new herbal tea.
運動に関する本も数冊読み、結局ヨガをやってみようと決めました。	I also read several books on exercise, and finally decided to take up yoga.
ヨガのビデオを買いました。	I bought a yoga video.
毎晩、ビデオを見ながら30分間ヨガをやっています。	I do yoga for half an hour every night, watching the video.
ありがたいことに、最近は眠りが深くなりました。	Thankfully I get deep sleep these days.
新しいポーズを学ぶのは楽しいです。	It's fun to learn new poses.
ヨガを習おうかと思っています。	I'm thinking of taking yoga lessons.
家の近くにヨガセンターを探しています。	I'm looking for a yoga center near my house.

Chapter 6
近況（週末）

Dear Bob,

How was your weekend?

My weekend was quiet.
I was very busy with my work during the week,
so I wanted to stay home and rest.
I read *Insomnia* by Stephen King.
That was great.

Best regards,
Masaharu
Masaharu

ボブへ

週末はどうだった？

ぼくは週末は静かに過ごした。
平日、仕事でとても忙しかったので、家で休みたかったんだ。
スティーブン・キングの『インソムニア』を読んだよ。
すばらしかった。

敬具
マサハル

1 静かな週末

▶ 家で過ごしました

週末はいかがでしたか？	How was your weekend?
週末は3連休でした。	We had a three-day weekend.
先週の月曜日は祝日でした。	Last Monday was a national holiday.
週末は静かに過ごしました。	My weekend was quiet.
週末は退屈なものでした。	My weekend was boring.
週末は特に何もしませんでした。	I did nothing special on the weekend.
週末は妻と静かに過ごしました。	I had a quiet weekend with my wife.
週末はずっと読書をして過ごしました。	I spent all my weekend reading.
土曜日は庭仕事をしました。	I worked in the garden on Saturday.
チューリップを植えました。	I planted some tulips.
午前中2, 3時間は芝刈りをして過ごしました。	I spent a few hours in the morning cutting the grass.
雑草を抜かなければなりませんでした。	I had to pull weeds.
昨日は読書をしながら眠ってしまいました。	I fell asleep while I was reading yesterday.
2時間、昼寝をしました。	I took a nap for two hours.

電話で目が覚めました。	I was woken up by the phone.
不動産業者からのセールスの電話でした。	It was a call from a real estate agent.
土曜日は早くベッドに入り、日曜日は朝遅く起きました。	I went to bed early on Saturday night and got up rather late on Sunday morning.
朝早く目が覚めたのですが、また寝てしまいました。結局起きたのは、10時過ぎでした。	I woke up once early in the morning, but went to sleep again. I ended up waking up after 10.
休息が必要でした。	I needed rest.
週末は、以前ビデオにダビングしておいたテレビのドラマや音楽番組を見ました。	On the weekend I watched a TV drama and a music program which I had taped before.
とても疲れていたので、外出する気がしませんでした。	I was so tired that I didn't feel like going out.
美容院の予約をとっていたのですが、キャンセルしました。	I had an appointment at the hairdresser's, but canceled it.
土曜日は公園に行くつもりでした。でも雨が降り出し、家で過ごすことにしました。	We were going to a park on Saturday. But it started to rain, and we decided to stay home.

▶ 6 近況（週末）

2 散歩

午前中30分くらい散歩に出ました。	I took a walk for half an hour in the morning.

土曜日は買い物をしたりしましたが、日曜日は1日中家で過ごしました。	I did some shopping on Saturday, but stayed home all day on Sunday.
気分転換にショッピングセンターまで車で行きました。	I drove to a shopping center for a change.
散歩に出て、レンタルビデオショップに立ち寄りました。	I went out for a walk and dropped by a video rental shop.
土曜の夜は、テレビを見たり、レンタルビデオを見たりしました。	I watched TV and a rented video on Saturday evening.
夕方、犬の散歩に出かけました。	I walked my dog in the evening.

3 家事

少し家事をしました。	I did some housework.
週末はほとんど、パソコンを使ったり、家事をしたりしていました。	I spent most of the weekend using the computer and doing the housework.
日曜日にしたことは、メール仲間に手紙を書いたこと、近くのクリーニング屋に洗濯物を出しに行ったこと、雑誌とマンガを何冊か読んだことくらいです。	All I did on Sunday was write letters to my e-pals, take my laundry to a nearby drycleaner's, and read some magazines and comics.
床に掃除機をかけました。それから洗濯やアイロンがけをしました。	I vacuumed the floor. Then I did the laundry and ironing.

平日は忙しいので、週末にたまっている家事をこなさなければなりません。	I'm busy during the week, so I have to catch up on my housework on the weekend.
週末が家事でつぶれるのは嫌ですが、しなければなりません。	I don't like to spend my weekend doing the housework, but I need to do.
服を洗ったり干したりするのは好きだけれど、部屋の掃除は好きではありません。	I like washing the clothes and hanging them out, but I don't like cleaning my place.
週末の家事というのはうんざりします。	Housework on the weekend makes me depressed.

▶ 6 近況（週末）

4 髪を切りました

髪の毛が伸びちゃった。カットしなければ。	My hair has grown. I have to have my hair cut.
私は髪の毛が伸びるのが早い方だと思います。	I think my hair grows fast.
たいていは髪は伸ばさないようにしています。	I usually try to keep my hair short.
たいていは1ヶ月に1度、髪を切ります。	I usually have my haircut every month.
前回髪を切ってから3ヶ月近くになります。	It's almost three months since I had my haircut last.

特にやらなければならないことは何もなかったので、髪を切りに行くことにしました。	I had nothing special to do, so decided to have my haircut.
土曜日に髪を切りに行こうと思っています。	I'm going to have my haircut on Saturday.
美容院の予約をとりました。	I made an appointment with a hairdresser.
今日は髪を切りました。	I had my haircut today.
今朝は美容院の予約をとっていました。	I had an appointment at the hairdresser's this morning.
ロングヘアーでしたが、ずいぶん短く切りました。	I had very long hair, but had my haircut very short.
レイヤーを入れてもらいました。	I've got some layers in.
土曜日に髪をブラウンに染めました。	I had my hair dyed brown on Saturday.
ヘアースタイルを変えました。	I changed my hairstyle.
ヘアースタイルを変えたいとずっと思っていたのですが、なかなかできませんでした。	I had long wanted to change my hairstyle but didn't dare to.
今度の髪型は気に入っています。	I like my new hairstyle.

5 出かけました

週末は盛りだくさんでした。	My weekend was eventful.

日曜日は家族で上野動物園に行きました。	I went to Ueno Zoo with my family on Sunday.
日本で最も広い動物園の1つです。	It's one of the largest zoos in Japan.
ペンギンがとてもかわいかったです。1日中でも眺めていたいくらいでした。	The penguins were so cute. We could have watched them all day.
動物園の中にあるおみやげ品店でクッキーとマグカップを買いました。	We bought some cookies and mugs at a gift shop in the zoo.
私たちはふれあい動物園に行きました。羊やヤギやウサギに触ることはできましたが、えさをやることはできませんでした。	We went to a petting zoo. We touched sheep, goats, and rabbits, but could not feed them.
土曜日は彼女と『マトリックス』を観に行きました。	I went to see "THE MATRIX" with my girlfriend on Saturday.
僕は楽しかったのですが、彼女はあまり好きではなかったようです。	I enjoyed it, but she didn't like it.
日曜日は遊園地に行きました。	We went to an amusement park on Sunday.
パレードを見たり、いくつかの乗り物に乗ったりしました。	We watched the parade and rode some rides.
どの乗り物にも長い列ができていました。	There were long lines before each ride.
それほど暑くなかったのは、ありがたかったです。	Thankfully it was not so hot.

▶ 6 近況（週末）

ジェットコースターに乗りました。彼女は気に入っていたけれど、私は気分が悪くなりました。	We rode the roller coaster. She liked it, but it made me sick.
昨日はドライブに出かけました。	We went for a drive yesterday.
僕の車は修理工場に出してあったので、レンタカーを借りました。	My car was at a garage, so we rented a car.
葛西臨海公園に行き、そこでのんびりと過ごしました。	We went to Kasai Rinkai Park and had a relaxing time there.
ビーチを散歩して楽しみました。	We enjoyed walking on the beach.
たくさんの子供たちが砂浜で遊んでいました。	Many children were playing in the sand.
先日は友達とビーチに行きました。	I went to the beach with my friends the other day.
ビーチまでの道路は車でいっぱいでした。	The road to the beach was full of cars.
普通だったら2時間くらいのドライブなのですが、その日はビーチまで4時間かかりました。	Normally it's a 2 hour drive, but it took us 4 hours to get to the beach that day.
とても暑い日だったのですが、水は冷たかったです。	It was a very hot day, but the water was cold.
日光浴とスイミングを楽しみました。	We enjoyed sunbathing and swimming.

Chapter 7
近況 (忙しい)

Hi Ryan,

I'm so sorry that I didn't e-mail you sooner.
I've just been busy because I have the finals in two weeks.

Did I tell you I failed biology last year?
I'm studying hard so that I can pass it this year.

I'll get back to you when my tests are over.

Bye for now,
Kimiyo

こんにちは　ライアン

もっと早くメールしなくて、ごめんなさい。
2週間後に期末テストをひかえていて、ちょっと忙しかったものだから。

去年生物学を落としちゃったこと、話したっけ？
今年こそは合格できるようにと猛勉強中なんです。

テストが終わったら、また連絡しますね。

それでは。
キミヨ

1 勉強で忙しい

この１週間、宿題がたくさんあったんだ。	I've had a lot of homework for a week.
あさっては、地理のテストがあります。	I have a geography test on the day after tomorrow.
フランス語の先生が、木曜日にテストをすると言いました。	My French teacher said that he would give us a test on Thursday.
水曜日までに新しい単語をたくさん覚えなければなりません。	I have to memorize a lot of new words by Wednesday.
同じ日にテストを２つだって！	Two tests on the same day!
今、テスト勉強をしているところです。	I'm preparing for the tests.
ノートを復習しておかなければ。	I have to review my notes.
勉強、間に合わないんじゃないかなぁ。	I'm afraid that I won't get my studying done in time.
金曜日は大事な歴史のテストがあります。	I have a big history test on Friday.
そのことでかなり緊張しています。	I'm rather nervous about that.
どうしたら、こんな年代や地名を全部覚えられるって言うんだろう。	How can I remember all those dates and places?
去年、生物学の単位を落としました。	I failed biology last year.
生物学の再履修をしています。	I'm taking biology again.

あまり勉強しなかったのです。	I didn't study very hard.
今年は試験に合格するように、生物学を一生懸命勉強しています。	I'm studying biology hard so that I can pass the exam this year.
期末試験にむけて、一生懸命勉強しなければなりません。	I have to study hard for the finals.
眠い…、今朝は3時まで勉強していたからね。	I'm sleepy…I stayed up studying until 3 this morning.
今朝は起きるのが辛かった。	I had trouble waking up this morning.
寝坊して学校に遅刻しちゃった。	I overslept for school.
今日は授業中、居眠りしちゃったよ。	I fell asleep in class today.
テストが近づいてきたぁ！	The tests are coming up!
テストには何が出るのかなぁ。	I wonder what will be on the test.
期末試験の日がやってくる!!	The final tests are coming up!!
インフルエンザにかかり、ドイツ語の試験を受けることができませんでした。	I couldn't take my German test because I had the flu.
追試を受けなければなりません。	I'll have to take a make-up test.
6月にTOEICのテストを受けるつもりです。	I'm going to take the TOEIC test in June.
TOEIC準備コースを受講しています。	I'm attending the TOEIC preparation course.

▶ 7 近況（忙しい）

どうやったら、TOEICの点数が上がるかなぁ。	I wonder how I can raise my TOEIC score.
今年は卒業論文を書かなければなりません。	I have to write a graduation thesis this year.
1月10日までに提出しなければなりません。	I have to hand it in by January 10.

2　就職活動で忙しい

今は就職活動で忙しいです。	I'm busy with my job-hunting.
仕事を辞めようかと思っています。	I'm thinking of quitting my job.
転職を考えています。	I'm thinking of changing jobs.
就職活動を始める前に少し研究しなければならないでしょう。	I'll have to do some research before I start my job-hunting.
仕事は本当につまらないし、上司は好きになれないのです。	I'm really bored with my job, and I just can't come to like my boss.
今の仕事はストレスがたまります。	My job now is stressful.
ほとんど毎日残業です。	I work overtime almost every day.
先月、退職しました。	I resigned from the company last month.
悪いニュース…、クビになっちゃった。	Bad new...I was fired.

もっと大きな企業で働きたいと思っています。	I want to work in a bigger company.
給料のいい仕事を見つけたいのです。	I want to get a well-paid job.
今、就職のための願書を何枚か書いているところです。	I'm writing some job applications.
すでに願書を30枚以上書きました。	I've already written over 30 applications.
私は日中コンビニで働きながら、夜間学校で会計の勉強をしています。	I work at a convenience store during the daytime, and study accounting at night school.
公認会計士になりたいのです。	I want to be a certified public accountant.
幼稚園の先生の職を探しています。	I'm looking for a job as a kindergarten teacher.
私はフルタイムの仕事を探しています。	I'm looking for a full-time job.
音楽業界の仕事に就きたいと思っています。	I want to get a job in the music industry.
自分に合った仕事を探したいのです。	I want to find a job that is right for me.
9時〜5時の仕事を探しています。	I'm looking for a nine-to-five job.
夜、仕事をするのは嫌です。	I don't like to work evenings.
シフト制で働くのは嫌です。	I don't want to work shifts.

▶ 7 近況（忙しい）

何か新しいことに挑戦してみたいです。	I want a new challenge.
アロマセラピストの仕事に応募しました。	I applied for the post of an aroma therapist.
フードサービス業の仕事に応募しました。	I applied for a job in the food service industry.
私は編集者の仕事に応募しました。	I applied for a position as an editor.
その会社の人事部長に履歴書を郵送しました。	I sent my résumé to the personnel manager of the company.
昨日は就職の面接だったんだ。	I had a job interview yesterday.
先週面接を受けたのですが、落ちてしまいました。	I had an interview last week, but failed it.
アロマセラピストの職が見つかるまでは、諦めません。	I won't give up until I find a position as an aroma therapist.
来週の面接に合格できるとよいのですが。	I hope I'll be able to pass the interview next week.

3 仕事が忙しい

今日は打ち合わせがあったので、とても忙しかったです。	I was very busy with the meetings today.

4つのそれぞれ違った打ち合わせに出なければなりませんでした。	I had to attend four different meetings.
1日に4つの会議だなんて！	Four meetings a day!
信じられないだろうけれど、4つ目の会議が3時間続いたんです！	Believe it or not, the fourth meeting lasted for three hours!
しかも、明日の朝ももう1つ打ち合わせが入ってるんです。	Besides, I have one more meeting tomorrow morning.
それも長い会議になりそうなんです。	It's going to be a very long meeting, too.
この2週間はデータの入力作業で忙しくしています。	I've been busy inputting data for two weeks.
1週間後にはデータの入力作業が終わるだろうと思うのですが。	I hope I finish inputting data in a week.
次のプレゼンテーションの準備で、本当に忙しい日が続いています。	I've been really busy preparing for the next presentation.
今、プレゼンテーションの配布資料作成にかかっています。	I'm working on the handouts for the presentation.
木曜日までに用意しなければなりません。	I must get them ready by Thursday.
昨日、上司からできるだけ早く先月の売り上げ報告書を仕上げるように言われました。	Yesterday I was told by my boss to finish my report of last month's sales as soon as possible.
私たちは今、新しいプロジェクトのことで忙しくしています。	We've been busy with our new project.

▶ 7 近況（忙しい）

8人のスタッフで、次のプロジェクトに取り組んでいるところです。	Eight staff members are working on the next project.
先週から、とても忙しくなりました。	I've been very busy since last week.
同僚の1人が突然仕事を辞めたのです。	One of my co-workers quit his job suddenly.
その結果、私の仕事が倍に増えたのです。	As a result, my workload has doubled.
新しい上司はとてもだらしないです。	My new boss is a very sloppy person.
まったく能率が悪いのです。	He is far from efficient.
やたらと私に仕事をさせます。	He makes me do too much work.
私の労働時間が長くなってしまいました。	My working hours has got longer.
9時前に会社を出られることはありません。	I can't leave my office before 9.
昨日は11時ごろ帰宅しました。	I came home around 11 yesterday.
その前の日は、家に着いたのが午前2時だったんですよ！	It was 2 in the morning that I got home the day before!
終電に乗り遅れ、タクシーを使いました。	I missed the last train and took a taxi.

4 家のことで忙しい

祖父が先週手術を受けたので、母は祖父の世話で忙しくなりました。

母は毎日病院に見舞いに行くので、私ができるだけ家事の手伝いをするようにしています。

母が朝ごはんを作り、私が皿洗いと夕食作りをします。

たまっていた家事を片付けようとしているところです。

職場の方が本当に忙しく、家に帰り着いたときにはあまりにも疲れ果てていて、家事をやる元気がほとんどなかったのです。

今朝は冷蔵庫の掃除をしました。

昨日は家事のコツについての本を買ってきました。

居間の模様替えを始めました。

ずっと部屋の模様替えをやろうと思っていながら、なかなか機会がありませんでした。

My grandfather had the operation last week, and my mother has got very busy taking care of him.

She visits him in the hospital every day, and so I try to help her with the housework as much as possible.

My mother cooks breakfast, and I do the washes and cook dinner.

I'm trying to catch up on the housework.

I was really busy at work, and I was so exhausted when I got home that I had little energy to do the housework.

I cleaned the refrigerator this morning.

I bought a book on housework tips yesterday.

I've started rearranging our living room.

I've been meaning to rearrange the room for ages but haven't had the chance.

▶ 7 近況（忙しい）

この夏休み中に、それをやってしまおうと決意しました。	I've decided to get it done during this summer break.
この2, 3週間は子供のことで忙しくしていました。	I've been busy with my children for the last few weeks.
アヤがインフルエンザにかかり、1週間学校を休んで家にいました。	Aya had the flu and stayed home from school for a week.
彼女が治ってからは、抜けていた分の学校の勉強の手伝いをしてあげなければなりませんでした。	When she recovered from her illness, I had to help her catch up the schoolwork she missed.
それからタクミが高熱の出る風邪をひきました。	Then Takumi had a cold with high fever.
よく眠れず、ほとんど夜通し泣いていました。	He couldn't sleep well and kept crying almost all night.
今週は夫が病気になる番でした。	It's been my husband's turn to be ill this week.
昨日はアヤの学校にボランティア活動をしに行きました。	Yesterday I went to Aya's school to do some volunteer work.
私が出かけている間、私の母がタクミの面倒をみてくれました。	My mother looked after Takumi while I was out.
私たちは生徒たちに絵本を2冊読んであげました。	We read a couple of picture books to the students.
私たちボランティアグループは、毎月生徒たちに1, 2冊本を読んであげます。	Our volunteer group read one or two books to the students every month.

Chapter 8
親戚・知人の近況

Dear Alan,

How is your work?

I've been very busy preparing for the next presentation.
I'm almost stressed down...

By the way, do you know Hiroko quit her job?
I was so surprised to hear that.
She was always complaining about her boss, but I didn't think she would quit.
She seems to be looking for a new job.

Your friend,
Satoshi
Satoshi

アランへ

君の仕事の方はどう？

僕は次のプレゼンテーションの準備でとても忙しい。
ストレスでダウンしちゃいそうだよ…。

ところで、ヒロコが仕事を辞めたこと、知ってる？
そのことを聞いて、僕はとてもびっくりしたよ。
彼女は上司のことでいつも不満をもらしてはいたけれど、辞めるとは思わなかった。
今、新しい仕事を探しているところみたいだよ。

敬具
サトシ

1 仕事のこと

父は仕事でとても忙しくしていました。	My father has been very busy with his work.
先週は、毎晩とても遅く帰宅していました。	He came home very late every night last week.
今はニューヨークに出張に行っています。	He is on his business trip to New York.
そういうわけで、私は自分の将来について、父に相談する機会がなかなかありません。	That's why I haven't had a chance to talk to him about my future.
彼が出張から戻ってきたら、話ができるだろうと思います。	I hope I can talk to him when he comes home from his business trip.
父は町田支社に転勤になりました。	My father has been transferred to Machida branch office.
町田支社は家にとても近いので、父はとても喜んでいます。	He is really happy because Machida branch office is very close to our house.
以前よりも早く帰宅しています。	He comes home earlier than before.
家にいる時間が以前より増えました。	He stays home more than before.
父が家事を手伝う時間が今までより多くできたので、母もまた喜んでいます。	My mother is also happy as he's got more time to help her with her housework.
父は先月退職しました。	My father retired last month.

退職して以来、退屈しています。	He's been bored since his retirement.
手持ち無沙汰のようです。	He seems to have nothing to do.
コンピュータを習い始めました。	He's started to take computer lessons.
今はインターネットに夢中になっています。	He is now absorbed in the Internet.
先日、前の会社から非常勤で働かないかという誘いを受けました。	He was offered a part-time position by his old company the other day.
父は9月から非常勤で働き始めます。	He'll start working on a part-time basis in September.
母は家の近くのスーパーでパートを始めました。	My mother has started working part-time in a supermarket near our house.
母は仕事が気に入っています。	She likes her job.
新しく人と出会えるのは、とても楽しいと言っています。	She says meeting new people is much fun.
今日、母が働いているスーパーに買い物に行きました。	Today I went shopping to the supermarket where she works.
母が働いているのを見るのは、おもしろかったです。	It was fun to see my mother working.
母は先日、仕事を辞めました。	My mother quit her job the other day.
母は10年近く地元の学校で、教員として働いていました。	She worked in a local school as a teacher for almost ten years.

▶ 8 親戚・知人の近況

母には仕事を辞めてもらいたくありませんでした。	I didn't want her to quit her job.
母が本当に、生徒たちと向き合う仕事が好きだということが私にはわかっていました。	I knew that she really loved to work with her students.
病気のために、仕事を辞める決意をしました。	She decided to quit her job because of her illness.
病気が治ったら、新しい仕事を見つけたいそうです。	She wants to find a new job when she's recovered from her illness.
早く母の病気が治り、いい仕事が見つかるといいな、と思っています。	I hope she recovers from her illness and gets a good job soon.
ジョンが昇進しました。	John has been promoted.
彼はプロジェクトの長に昇進しました。	He has been promoted to the project director.
ディックは、就職面接で落ちちゃったんだ。	Dick failed his job interview.
あんまり落ち込んでいたので、なんと言ったらいいかわからないくらいでした。	He was so depressed that I didn't know what to say.
早く彼に仕事が見つかるといいのだけれど。	I hope he gets a job soon.
マリーから1ヶ月ほど前に電話がありました。仕事の時間が削られたと言っていました。	Marie called me about a month ago. She told me that they cut her hours.
彼女はそのことで、とても怒っていました。	She was very angry at it.

彼女は他の仕事を見つけたがっていました。	She wanted to find another job.
マリーは新しい仕事を見つけました。	Marie has got a new job.
彼女は、新しい仕事はストレスが少ないと言っています。	She says her new job is less stressful.
マリーは新しいアルバイトを、とても気に入っています。	Marie loves her new part-time job.
彼女は月曜日と水曜日に仕事をしています。	She works on Mondays and Wednesdays.
もっと仕事の時間を増やしたいそうです。	She wants to get more hours.
ヒロコが仕事を辞めたこと、知ってる？	Do you know Hiroko quit her job?
ヒロコが仕事を辞めたと聞いて、とても驚きました。	I was so surprised to hear Hiroko quit her job.
彼女は上司のことでいつも不満を言っていたけれど、辞めるとは思わなかった。	She was always complaining about her boss, but I didn't think she would quit.
ピーターの本の出版が決まりました。	They decided to publish Peter's book.
本当に興奮していました。	He was really excited.
ピーターの2冊目の本が出版されましたよ！	Peter's second book got published!
彼が本を1冊送ってくれました。	He sent me a copy of his book.

▶8 親戚・知人の近況

2 テスト

ジョンから昨夜、電話がありました。	I had a call from John last night.
あなたに電話をしたかったけれど、あなたの電話番号を失くしてしまった、と言っていました。	He said that he wanted to call you but that he had lost your phone number.
あなたの方から電話をかけてあげれば、とても喜ぶでしょう。	He'll be very happy if you call him.
彼は全部のテストに合格したと言っていました。	He told me that he passed all his tests.
フランス語はAをとったんだって。	He got an A in French.
トムが合格したの!!	Tom was accepted!!
彼はロンドン大学に合格しました！	He was accepted to London University!
今朝、合格通知を受け取ったと言っていました。	He told me that he got the acceptance letter this morning.
彼のためにパーティーをしてあげるのはどう？	How about having a party for him?
マサコは早稲田大学と慶応大学の両方の入学試験に合格しました。	Masako passed both of the entrance examinations to Waseda University and Keio University.
すごい!!	It's great!!

電話で彼女と話したときは、どちらの大学に行くかはまだ決めていないと言っていました。	When I talked to her on the phone, she told me that she hadn't decided yet which university she should go to.
とにかく、彼女は今月の末に東京に発ちます。	Anyway, she is leaving for Tokyo at the end of this month.
彼女が仙台を立つ前に集まりましょう。	Let's get together before she leaves Sendai.

3 運転免許

ニッキが運転免許取得テストに合格したって話しましたっけ？	Did I tell you Nikki passed her driving test?
ニッキは3回目の運転免許取得テストで合格しました。	Nikki passed her driving test at the third attempt.
運転免許取得テストを受けたのは、彼女にとって3回目でした。	It was her third time taking her driving test.
彼女はテストのとき、本当に緊張したと言っていました。	She told me that she was really nervous during the test.
来月には中古の車を買うつもりなんだそうです。	She is going to buy a secondhand car next month.
彼女はトヨタの新車を買いました。	She bought a new Toyota.
今朝は職場まで乗せてくれました。	She gave me a ride to work this morning.

▶ 8 親戚・知人の近況

| 月曜日は、彼女が私の家の近くで華道を習う日なので、私の家まで車で送ってくれます。 | She drives me home on Mondays as she takes flower arrangement lessons near my house. |

彼女の運転は上手ですよ！ / She is a good driver!

彼女はかなりゆっくり運転する方だと思います。 / I think she does drive rather slowly.

彼女はスピードを出すので、時々私は心配になります。 / She drives too fast, which worries me at times.

4 デート・結婚・妊娠・出産

先週タカコと会ったとき、ブライアンに映画に行こうと誘われたと言っていました。 / When I saw Takako last week, she said that she was asked to go to see the movies by Brian.

とてもうれしそうでした。 / She seemed very happy.

キャシーから聞いたんだけど、ブライアンはタカコと付き合ってるんだって。 / I heard from Cathy that Brian is going out with Takako.

ミサに彼ができたんだよ！ / Misa has got a boyfriend!

彼女の彼に会ったことはないけれど、歯医者さんみたいよ。 / I haven't met her boyfriend, but I hear he is a dentist.

彼女の彼って、とても素敵な人なの。 / Her boyfriend is a really nice guy.

兄が婚約しました！	My brother got engaged!
彼の婚約者はとてもきれいな人です。	His fiance is really beautiful.
ミドリは６月に結婚する予定です。	Midori is getting married in June.
２人は式場を探しているところです。	They are looking for a place for their wedding.
招待状が今日届きました。	Their invitation card arrived today.
昨日、姉のところに女の子が生まれました！	My sister had a baby girl yesterday!
今日、姉と赤ちゃんに会いに行きました。	I went to see her and her baby today.
私は叔母になりました！	I'm an aunt!
赤ちゃんはとってもかわいいんですよ！	The baby is really lovely!
明日は赤ちゃんに靴を買いに行こうと思っています。	I'm going to go to buy a pair of shoes for her tomorrow.
姉と赤ちゃんは、2, 3日後に退院します。	My sister and her baby are leaving the hospital in a few days.
来週は、お祝いのパーティーをします。	We're going to have a party for them next week.
ミサコに2, 3週間前、赤ちゃんが生まれたこと、知ってる？	Do you know Misako had a baby a few weeks ago?
彼女から昨日、電話がありました。	She called me yesterday.

▶ 8 親戚・知人の近況

一緒に彼女とその赤ちゃんを見に行かない？	Do you want to go to see her and her baby with me?
彼女たちはご両親のところにいるそうです。	They are staying at her parents'.
彼女たちが家に帰ってから、会いに行こうかと思っています。	I'm going to see them when they come back to their home.

5　連絡がないのですが

4月以来、トニーから連絡がありません。	I haven't heard from Tony since April.
しばらくマークから連絡がありません。	It is some time since I heard from Mark.
彼がどうしているか知ってる？	Do you know how he is going?
うまくやっていることと思いますが。	I hope he is doing fine.
私の手紙が届いていないのかしら。	I wonder if my letter hasn't arrived.
忙しいのでしょう。	He must be busy.
前回彼に会った時、新しいプロジェクトでとても忙しくなりそうだと言っていました。	The last time when I saw him, he told me that he would get very busy with his new project.

スーがいつ引っ越すつもりなのか知っていますか？	When do you know Sue is going to move?
先月彼女から電話があり、引っ越しを手伝ってくれと言われたのですが、その後彼女から連絡がありません。	Last month she called me and asked me to help her with the move, but I haven't heard from her since then.
スーから連絡あった？	Have you heard from Sue?
先週スーにメールを送ったのですが、まだ返事が返ってきません。	I e-mailed Sue last week, but I haven't heard from her.
レイチェルとは2, 3ヶ月連絡をとっていません。	I haven't contacted Rachel for a few months.
マユミから秋に手紙をもらったのですが、なかなか返事が出せずにいます。	I received a letter from Mayumi in the fall, but I haven't had the chance to reply yet.
彼女に会ったら、よろしくお伝えください。	Please say hello to her for me when you see her.
タケルから、ポールに仕事が見つかったと聞いて、とてもうれしかったです。	I was very glad to hear from Takeru that Paul got a job.
彼からしばらく連絡がなかったので、心配になり始めていたところでした。	I hadn't heard from him for some time and started to worry about him.
今夜、彼にメールを出してみようと思います。	I'll e-mail him tonight.

▶8 親戚・知人の近況

6 偶然会いました

金曜日にジュリーのパーティーに行きました。	I went to Julie's party on Friday.
クリスも来ていました。	Chris was there.
彼に会ったのは1年ぶりでした。	I hadn't seen him for a year.
横浜に引っ越したと言っていました。	He told me that he had moved to Yokohama.
先週、学校から家に帰る途中で、ヨシコに偶然会いました。	I met across Yoshiko on my way home from school last week.
ヨシコには夏休み以来、会っていませんでした。	I hadn't seen Yoshiko since the summer break.
私はコーヒーでも飲みながら話しましょうか、と誘ったのですが、彼女は時間がないということでした。	I asked if we could talk over coffee, but she said that she had no time.
私たちは喫茶店に行き、1時間くらいおしゃべりしました。	We went to a café and talked for about an hour.
私は急いでいたので、あまり話す時間がありませんでした。	I was in a hurry and didn't have much time to talk to her.
彼女とおしゃべりする時間がもっとあればよかったのだけれど。	I wish I could have had much more time to talked to her.
元気そうでした。	She seemed to be fine.
おしゃべりは尽きませんでした。	We had lots of things to talk about.

| 夜7時までおしゃべりしていたんです。 | We talked until 7 p.m. |

彼女は前とは感じが変わっていました。	She looked different.
やせたみたいでした。	She seemed to have lost weight.
ジャズダンスにはまっていると言っていました。	She told me that she was hooked on jazz dance.

7 集まりました

昨夜、私たちは集まりました。	We had a get-together last night.
渋谷の居酒屋に行きました。	We went to an izakaya (Japanese style pub) in Shibuya.
トニーが居酒屋に行きたがっていました。	Tony wanted to go to an izakaya.
彼は居酒屋に行くのが初めてでした。	It was his first time to go to an izakaya.
とても楽しくすごしました。	We had an enjoyable time.
大いに食べ、飲みました。	We ate and drank a lot.
みんな酔っ払いました。	We all got drunk.
トニーは、お好み焼きやら刺身やら、和食をたくさん注文していました。	Tony ordered a lot of Japanese food like okonomiyaki and sashimi (raw fish).

▶8 親戚・知人の近況

土曜日は、弟の家族のところに生まれた赤ちゃんを見に行きました。	On Saturday we visited my brother's family to see their newborn baby.
とてもかわいい女の子で、私たちは何枚も写真を撮りました。	She is a really beautiful girl, and we took a lot of photos of her.
赤ちゃんを抱っこして、ミルクをあげました。	I held her in my arms and fed her.
昨日は親戚の集まりがありました。	I went to a family get-together yesterday.
家族の集まりは素敵でした。	The family get-together was great.
私たちは叔父の60歳の誕生日祝いをしました。	We celebrated my uncle's 60th birthday.
いとこのうち、2,3人には10年近く会っていませんでした。	I hadn't seen a few of my cousins for almost 10 years.
離れて住んでいる家族に会うのはいいものです。	It's good to see your family members who live far away.
夜はいとこ達と飲みに出かけました。	My cousins and I went out to a pub in the evening.
昨日は妹が泊まりに来ました。彼女は大阪に配属され、来週の日曜日に発ちます。	Yesterday my sister stayed with us. She has been assigned in Osaka, and is leaving next Sunday.

Chapter 9

食事

Dear Keli,

Thank you for your e-mail.
I had a relaxing weekend.
On Sunday, I got up very late.
After having a sandwich and a cup of coffee, I went to the library.
I borrowed two history books.

In the evening, I tried out the omelette recipe which you taught me the other day.
It went well.
My husband and I liked it.
Thank you very much.

Best wishes,
Hitomi
Hitomi

ケリーへ

メールありがとう。
私はのんびりとした週末を過ごしました。
日曜日は、とても遅くまで寝ていました。
サンドウィッチを食べ、コーヒーを1杯飲んでから、図書館へ行きました。
歴史の本を2冊借りました。

夜は、先日あなたに教えてもらったオムレツ料理を作ってみました。
うまくいきましたよ。
主人も私も気に入りました。
どうもありがとう。

敬具
ヒトミ

1 朝食

朝ごはんは作りません。	I don't make breakfast.
私はめったに自分で料理をしません。	I rarely cook myself.
料理は得意ではないのです。	I'm not good at cooking.
母が家族の朝食を作ってくれます。	My mother makes breakfast for my family.
私は朝ごはんは食べません。	I don't have breakfast.
私はたいてい朝食にごはんと納豆と味噌汁を食べます。	I usually eat rice, natto, and miso soup for breakfast.
私の朝食はいつも同じメニューです。トースト1枚に、ハムエッグ、ヨーグルトとコーヒーです。	I always have the same thing for breakfast: a piece of toast, ham and eggs, yogurt, and a cup of coffee.
健康のために朝食では牛乳をコップ1杯飲むように心がけています。	I try to drink a glass of milk for my health for breakfast.
私は低脂肪牛乳の方が好きです。	I prefer low-fat milk.
朝一番にやることは朝ごはんを食べることです。	The first thing to do in the morning is to eat breakfast.
私は朝ごはんを食べてからでないと、1日をスタートさせるのがつらいです。	It's hard for me to get started without breakfast.

今朝は何も食べる気がしなかったのだけれど、何か食べておけばよかった。

I didn't feel like eating anything this morning, but I should have eaten something.

今朝はトースト1枚の他は何も食べなかったので、お昼前におなかがすいてしまいました。

As I ate nothing but a piece of toast this morning, I got hungry before noon.

トースト1枚だけじゃ、午前中いっぱい体がもちません。

With only a piece of toast, I can't keep going all morning long.

今朝は朝ごはんを食べ損なったので、仕事に行く途中でサンドウィッチを買いました。

As I missed breakfast, I bought a sandwich on my way to work.

会社に着いたのが8：50。あわてて食べました。

I arrived at my office at 8:50. I ate it in a hurry.

会社には間に合ったけれど、サンドウィッチを食べる時間はありませんでした。

I arrived at my office in time, but had no time to eat my sandwich.

今朝は寝坊をして、朝ごはんを食べる時間がありませんでした。

I overslept and had no time to eat breakfast this morning.

おなかがすいちゃって、勉強に集中できませんでした。

I was so hungry that I couldn't concentrate on my studies.

今朝、ホットケーキを作りました。

I made pancakes this morning.

日曜日は時々ホットケーキを作ります。

I sometimes make pancakes on Sundays.

私はホットケーキにメープルシロップをかけて食べるのが好きです。

I like eating pancakes with maple syrup.

2 昼食

私たちの地元の中学校には給食がありました。	Our local junior high schools had a school lunch program.
私たちの中学校では、2品とパン、牛乳が出されていました。	Two dishes, bread, and milk were served in our junior high school.
給食の献立は栄養士によって計画されています。	School meals are planned by dietitians.
給食はヘルシーだというだけでなく、おいしかったです。	School lunch was not only healthy but also delicious.
時々、給食が食べたくなります。	I sometimes miss school lunch.
明日は自分でお弁当を作って、会社に持っていこうと思っています。	I plan to make my lunch by myself and take it to my company tomorrow.
ダイエットしなければならないから、お弁当を作ることにしたの。	I've decided to make my lunch as I have to lose weight.
明日のお弁当のために、いくつか冷凍食品を買ってきました。	I bought some frozen foods for lunch tomorrow.
今日はお昼ご飯におにぎりを2個と残り物を家から持って行きました。	For lunch today I took a couple of rice balls and some leftovers from home.
お昼ごはんを作れば、お金が節約できます。	Preparing lunch saves money.

今朝はお弁当を作る時間がとれませんでした。	I didn't have time to make my lunch this morning.
お弁当を持って行こうなどという考えは諦めました。	I've given up the idea of taking lunch with me.
結局のところ、お弁当を詰めるのは苦手なのです。	After all, I'm not good at packing my lunch.
私はたいていコンビニでお昼ご飯を買います。	I usually get lunch from a convenience store.
社内食堂があるのですが、そこで昼食を食べるのは好きではありません。	My office has a cafeteria, but I don't like eating lunch there.
食堂で同僚と昼食をとりました。	I had lunch with my colleagues in the cafeteria.
食べ物は安いし、おいしいですよ。サービスはよくないけれど。	The food there is cheap and good, although the service is not good.
たいていはセットメニューをとるのですが、今日はラーメンを食べました。	I usually have a set meal, but today I had ramen.
今日は食堂でランチミーティングがありました。	We had a lunch meeting in the cafeteria today.
ランチミーティングは嫌いです。	I hate lunch meetings.
昼休みは1人になりたいのです。	I like to be alone during the lunch break.

私たちの会社には社内食堂がないので、たいていは昼食を食べに出ます。	Our office doesn't have a cafeteria, so we usually go out for lunch.
会社の近くには、いいレストランが何軒かあります。	There are some nice restaurants around our office.
時々新しいレストランに行ってみます。そういうのは楽しいですね。	We sometimes try a new restaurant, which is fun.
今日はパン屋でお昼ご飯を買って、会社に持って行きました。	I got my lunch from a bakery and brought it to my office today.
今日はZZZフーズに弁当を注文しました。	I ordered a box lunch from ZZZ Foods today.
弁当のデリバリーサービスを利用したのは、今回が初めてでした。	That was my first experience using a box lunch delivery service.
雨が降っていたし、昼食を食べに外に出る時間を割きたくなかったのです。	It was a rainy day, and I didn't want to take the time to go out for lunch.
今日はお昼ご飯を抜いてしまいました。忙しすぎたのです。	I skipped lunch today. I was too busy.

3 夕食

明日の夜はカレーライスを作る予定です。	I plan to cook curry and rice tomorrow night.

カレーを作るのに玉ねぎを買っておかなければ。	I have to buy some onions for the curry.
家族全員、カレーライスが大好きです。	Everyone in my family loves curry and rice.
何も思いつかないときは、カレーライスにします。	I cook curry and rice when I'm out of ideas for what to cook.
昨日は、料理の本に紹介されていた新しいレシピを試してみました。	I tried out a new recipe from a cooking book yesterday.
ベトナム料理に挑戦しました。スパイシーでおいしかったです。	I tried a recipe from Vietnam. It was spicy and delicious.
一度作ってみたかったのだけれど、なかなかチャンスがなくて。	I had wanted to give it a try, but never had the chance.
難しくはありませんでしたが、煮込むのに1時間近くかかりました。	It wasn't difficult, but it took nearly an hour to stew.
私が帰宅する頃には、息子たちはおなかがペコペコ。私は30分で夕食を作らなければなりません。	My boys are hungry when I get home. I have to make dinner in 30 minutes.
スーパーまで走る気も起こらなかったので、冷蔵庫に中のもので、夕食を作りました。	I didn't want to rush to the supermarket, so I made dinner from the items in the refrigerator.
今日は夕食に天ぷらを食べました。	I had tempura for dinner today.
天ぷらは野菜や魚を揚げたものです。	Tempura is deep fried vegetables and fish.
健康的な低脂肪の料理をもっと勉強しなければ。	I have to learn some more healthy low-fat recipes.

▶9 食事

ほとんど料理は私がやります。	I do nearly all the cooking.
彼は時々料理を手伝ってくれます。	He sometimes helps me out with the cooking.
昨日は主人が夕食を作ってくれました。	Yesterday my husband fixed dinner.
彼はミートソーススパゲッティとブロッコリーサラダ、スープを作ってくれました。	He made spaghetti with meat sauce, broccoli salad, and soup.
彼はミートソースを作るのが得意なんですよ。	He is good at making meat sauce.
今日は私が料理し、夫が洗い物をしました。	I cooked and my husband did the dishes today.
今夜の夕食、考えつきません。	I can't think of what to make for dinner tonight.
今日は夕食を作る気がしません。とても疲れているので。	I don't feel like cooking tonight. I'm so tired.
私たちはデリカテッセンで夕食を買って食べました。予想していたより、ずいぶんおいしかったですよ。	We had dinner from a delicatessen, which was much better than we expected.
今日はピザをとりました。ハワイアンピザを注文しました。	We had a pizza delivered today. We ordered a Hawaiian pizza.
しばらく食べていませんでした。とてもおいしかったです。	We hadn't had that for a while. It was very good.

4 おやつ・夜食

放課後、私たちはハーゲンダッツのアイスクリームを食べました。	We ate Häagen-Dazs ice cream after school.
ストロベリーアイスクリームが私のお気に入りです。	Strawberry ice cream is my favorite.
昼食を食べていなかったので、3時頃になっておなかがすいてきました。	I got hungry around 3 as I hadn't had lunch.
10分間の休憩時間に、マフィンを食べました。	I had a muffin during a ten-minute break.
私たちは放課後、よくマクドナルドに行きます。	We often go to McDonald's after school.
私たちは時々、ファーストフードのお店で勉強します。	We sometimes study in fast food restaurants.
家に帰り着いたとき、私はとてもおなかがすいていました。夕食までもたせるために、ケーキを1個食べました。	When I got home, I was very hungry. I ate a piece of cake to keep going until dinner.
私は間食を何回も摂り過ぎると思います。	I think I snack too often.
カロリーに気をつけなくちゃ。	I have to watch the calories.
この悪い食生活をやめなければなりません。	I have to get rid of the bad eating habit.

チョコレートには目がないの！	What I can't help myself from is chocolate!
いつもバッグには板チョコが入っています。	I keep a chocolate bar in my bag.
明日お客様がいらっしゃるので、アップルパイを焼きました。	We have some guests tomorrow, so I baked an apple pie.
私はめったに夜食は食べません。	I seldom eat a bedtime snack.
昨夜レポートをやっていたら、おなかがすいてしまいました。	I got hungry while I was working on my report last night.
私は昨日、夜中にラーメンを食べました。まだ胃がもたれています。	I ate ramen at midnight yesterday. It still sits heavy on the stomach.
食べるべきじゃなかったな。	I shouldn't have eaten it.

5 外食

昨日は料理をする時間がなかったので、外食しました。	I didn't have time to cook, so I ate out yesterday.
私はほとんど毎日、外食します。	I eat out almost every day.
ヘルシーな料理を選ぶようにしています。	I try to choose healthy food.
今日は友達と外食に出かけました。	I went out to dinner with my friends today.

会社の友達が思いがけず誘ってくれました。	My friends from work invited me out unexpectedly.
やらなければならないことはあったのですが、断りたくはありませんでした。	I didn't want to decline although I had something to do.
私たちはイタリア料理を食べました。	We had Italian food.
私たちは中華料理を食べに行きました。	We went out for a Chinese meal.
彼はシーフード中華そばを食べ、私は酢豚を食べました。	He had seafood noodles and I had sweet and sour pork.
いいレストランでした。	It was a nice restaurant.
メニューがたくさんありました。	They had a variety of foods and drinks.
先週、ファミリーレストランに行ったのですが、昨日もまたそこへ行きました。	I went to a family restaurant last week, and went back there yesterday.
そこはそんなに混んでいないし、料理がすぐに出てくるので気に入っています。	I like it because it's not so busy and because they serve very fast.

Chapter 10
買い物

Hi there,

It's getting much colder here in Tokyo.
Today I went shopping for winter clothes.
I bought a coat, a cardigan, and a pair of gloves.
The coat was a bit expensive, but I like it very much.

Have you started your Christmas shopping?
What are you going to buy for your boyfriend?

Take care and write soon.
Chiharu

こんにちは

こちら東京は、ずいぶん寒くなってきました。
今日は冬物を買いに出かけました。
コート、カーディガン、それに手袋を買いました。
コートはちょっと高かったな。でもとても気に入っています。

クリスマスの買い物、始めましたか？
彼には何を買うのかな？

体に気をつけて。すぐにお手紙書いてね。
チハル

1 ショッピング

明日は新宿まで友達と買い物に行きます。	I'm going shopping with my friend to Shinjuku tomorrow.
私たちは正午に待ち合わせ、お昼ご飯を食べてから、2, 3軒デパートを回ってみるつもりです。	We're going to meet at noon, have lunch, and then go to a few department stores.
バスに乗り遅れ、約束の時間に遅れてしまいました。	I missed my bus and was late for my appointment.
友達を15分近く待たせてしまいました。	I kept my friend waiting for nearly 15 minutes.
昨日、私たちは伊勢丹デパートまで車で行きました。	We went to Isetan Department Store by car yesterday.
私たちが到着したときは駐車場がいっぱいで、30分も待たなければなりませんでした。	The parking lot was full when we arrived, and we had to wait for half an hour.
もっと早く家を出発すべきでした。	We should have left home earlier.
私たちは今日、買い物をしながら、ずいぶん歩きました。	We did a lot of walking while shopping today.
楽しかったのですが、私は疲れました。	We had a great time, but I got tired.
歩いているうちに足腰が痛くなってしまいました。	My back and legs started hurting while I was walking.
今もまだ少し痛いです。	They still hurt a little.

今日はこの冬に着る上着とシャツを何枚か、オンラインショッピングで注文しました。	Today I ordered an overcoat and some shirts online for this winter.
マーケットに冬物の服を買いに行きました。	I went to the market to buy some winter clothes.
今日はたくさん買い物をしました。	I did a lot of shopping today.
現金で支払いました。	I paid in cash.
コートはクレジットカードで支払いました。	I paid for a coat by credit card.
私は時々、洋服にお金を使いすぎてしまいます。	I sometimes spend too much money on clothes.
来月は節約しなくては。	I have to save money next month.
家の近くのショッピングモールに行き、レターセットとノートをいくつか買いました。	I went to the shopping mall near my house and bought some letter sets and notebooks.
そのショッピングセンターはすごいんです。実にいろいろな専門店とレストランが入っています。	The shopping center is great. It has a wide variety of specialty shops and several restaurants.
専門店の中には文房具店があります。	Among the specialty shops is an office supply store.
そこは品揃えがいいです。	It has a good selection.
安くはないけれど、品質がいいです。	They aren't cheap but of good quality.

▶ 10 買い物

学校帰りにCDショップに立ち寄り、ブリトニーの新しいCDを買いました。	I dropped by a CD shop on my way from school and bought Britney's new CD.
先日、デジタルカメラを買いに秋葉原に行きました。	I went to Akihabara to buy a digital camera the other day.
私は秋葉原によく行きます。そこでウィンドウショッピングをするのが好きなのです。	I often go to Akihabara. I like doing some window shopping there.
やっと新しい携帯電話を買いました。たくさんの機能がついています。	I bought a new cellular phone at last. It has many functions.

2　セール

三越デパートではセールをやっています。	Mitsukoshi Department Store is having a sale.
友達から三越デパートで大バーゲンをやっていると聞きました。	I heard from my friend that Mitsukoshi Department Store is having a big sale.
デパートはお客さんでいっぱいでした。	The department store was full of customers.
50％引きでジャケットを買いました。	I bought a jacket at a 50% discount.
デパートでいいワンピースを見つけて試着したのですが、私にはサイズが合いませんでした。	I saw a nice dress in a department store and tried it on, but it didn't fit me.

大きい / 小さいサイズのものがありませんでした。	They didn't have a bigger / smaller size.
茶色のジャケットを買いたかったのですが、似合いませんでした。	I wanted to buy a brown jacket, but it didn't suit me.
紺色のものを買いました。	I bought a dark blue one.
セーターが欲しかったのですが、セーターは全部売り切れていました。	I wanted to buy a sweater, but the sweaters were all sold out.
セールはあと2日間あります。	They are having a sale for another two days.
そのドラッグストアーに行ったことがありますか？	Have you been to the drugstore?
あそこは化粧品がすべて20％引きで買えますよ。	You can buy all cosmetics for 20% off there.

3 季節の買い物

クリスマスの買い物、始めましたか？	Have you started your Christmas shopping?
お嬢さんは、クリスマスプレゼントに何を欲しがっていますか？	What does your daughter want for Christmas?
お嬢さんはまだサンタクロースを信じているのかな？	Does she still believe in Santa Claus?
甥はサッカーファンで、新しいサッカーボールを欲しがっています。	My nephew is a soccer fan, and wants a new soccer ball.

私はいつもクリスマスには、彼にサッカー関係のものを送っています。	I always send him soccer-related goods for Christmas.
私は彼にネクタイを買いました。	I bought a necktie for my boyfriend.
私はクリスマスプレゼントの買い物をするのが好きです。	I like Christmas gift shopping.
クリスマスツリーの飾りを少し買いました。	I bought some Christmas tree ornaments.
今年はダロワイヨのクリスマスケーキを予約しました。	I reserved a Christmas cake from DALLOYAU for this year.
私はお歳暮の買い物を始めました。	I have started my oseibo shopping.
上司には新鮮な果物を送りました。	I've sent some fresh fruit to my boss.
昨日は嫌々ながら、お正月の買い物をしました。	I did my New Year shopping reluctantly yesterday.
お正月用品は本当に高いです。	New Year items are really expensive.
年末になると、野菜の値段がとても高くなります。	The prices of vegetables get very high at the end of year.
お正月の買い物はほぼ終わりました。	I've finished almost all my New Year shopping.

Chapter 11
誘い・招待

Hello Rick,

How are you doing?

I'll be in your neighborhood for business next Wednesday.
I'll be free after 4 p.m. that day.
Can we meet?

Hope to hear from you soon.

Reiko

こんにちは　リック

どうしてますか？

来週の水曜日、仕事であなたの家の近くに行きます。
その日は4時以降はあいています。
会えますか？

早めにお返事ください。

レイコ

1 会いたくなったら…

ずいぶん長いことお会いしていませんね。	I haven't seen you for ages.
前回お会いしてから、もうおよそ半年になりますね。	It's almost half a year since I saw you last.
歓迎会以来、お会いしていませんね。	I haven't seen you since the welcome party.
会いたいです。	I want to see you.
是非お会いしたいです。	I'd love to see you.
あなたが今、とても忙しいのはわかっています。落ち着いたら会いましょう。	I know you are so busy at the moment. Let's meet when you get settled.
是非、近いうちにコーヒーでも飲みながらお話したいと思っています。	I'd love to talk to you over a cup of coffee soon.
お茶でも飲みに来ませんか？	Would you like to come over for tea?
来週の水曜日、仕事であなたの家の近くに行くのですが、会えますか？	I'll be in your neighborhood for business next Wednesday. Can we meet?
直接お会いしてお話した方がいいと思います。	I think we had better meet and talk face to face.
今週末、夏休みの計画について会って話しましょうよ。	Let's meet this weekend to talk about our plans for the summer.

お会いしてお話したいことがあるのですが。今週、お会いできるでしょうか？	There's something I'd like to talk to you about. Can we meet this week?
来週いつか、一緒にランチでもどうですか？	Do you want to have lunch with me sometime next week?
ランチを食べに行く計画を立てない？	Why don't we arrange to meet for lunch?
新宿のレストランのあのスパゲッティーをまた食べたいなと思っています。一緒に行きませんか？	I want to eat the spaghetti at the restaurant in Shinjuku again. Do you want to go with me?
明日の夜、夕食を食べに行きませんか？	Would you like to go out to dinner with me tomorrow night?
青山通りの新しくできた中華料理屋に行ってみない？	Do you want to try the new Chinese restaurant on Aoyama Street?
飲みに行く計画を立てましょうよ。	Let's make a plan to go for a drink.
飲みに行かない？	How about going for a drink with me?
来週あたり、集まって飲みましょうよ。	Let's get together for a drink next week or so.

▶ 11 誘い・招待

2　映画などへの誘い

一緒に映画でも観に行きませんか？	Would you like to go to see a movie with me?
『ラスト・サムライ』はおもしろいらしいですね。一緒に観に行きませんか？	They say that "The Last Samurai" is interesting. Do you want to go to see it with me?
『ラスト・サムライ』を観たいと言っていましたね。今度の日曜日に観に行くのはどうですか？	You said that you wanted to see "The Last Samurai". Why don't we go to see it next Sunday?
来週末、文化村に『ラスト・サムライ』を観に行くつもりです。一緒にどうですか？	I'm going to see "The Last Samurai" at Bunkamura next weekend. Do you want to join me?
土曜日、特にご予定がなければ、一緒に映画を観ませんか？	If you don't have any plans for Saturday, would you like to see a movie with me?
一緒に『ラスト・サムライ』を観に行きませんか？チケットを買いに行こうと思っているのですが。	Would you like to see "The Last Samurai" with me? I'm going to buy some tickets.
来月、僕たちの野球の試合を観に来ませんか？	Do you want to come to see our baseball game next month?
僕たちの野球チームの応援に来ていただけると、うれしいです。	It would be nice if you could come and cheer our baseball team.
火曜日の夜、あいていますか？野球の試合を観に行くのはどうでしょう？	Are you free on Tuesday night? How about going to see a baseball game?

サッカーには興味がありますか？ヴェルディ対アントラーズ戦のチケットが２枚あるのですが。	Are you interested in soccer? I have two tickets for the Verdy-Antlers game.
来週、ピカソ展が始まります。見に行きませんか？	The Picasso exhibition starts next week. Why don't we go to see it?
ピカソ展のチケットが２枚手に入りました。今週中に見に行きましょう。	I've got two tickets for the Picasso exhibition. Let's go to see it someday this week.
平井堅が来るの、知ってる？ 彼のコンサートに是非あなたと一緒に行きたいと思っています。	Do you know that Ken Hirai is coming to town? I'd love to go to his concert with you.
上野公園の桜は満開だそうです。明日、見に行きませんか？	I hear that cherry blossoms in Ueno Park are in full bloom. Why don't we go to see them tomorrow?
土曜日、豊島園の花火大会を見に行きましょう。	Let's go to see the fireworks at Toshimaen on Saturday?
夏祭りが今月の13日と14日にありますが、行きませんか？	The summer festival is on the 13 and 14 this month. Why don't we go?
海岸線をドライブしようよ。	Let's go for a drive along the beach.
海水浴に行きませんか？	Why don't we go swimming in the sea?
プールに泳ぎに行く計画を立てましょう。	Let's make a plan to go swimming in the pool.

▶11

誘い・招待

私たちは、夏休み中に沖縄にスキューバダイビングに行こうと考えているのですが、一緒にどうですか？	We're thinking of going scuba diving in Okinawa during the summer vacation. Do you want to join us?
来月、私たちと一緒に釣りに行くのはどうですか？ ケンジが釣りの仕方を教えてくれますよ。	How about going fishing with us next month? Kenji will teach you how to fish.

3　会う日時を決める

メール、ありがとう。いつ会いましょうか？	Thank you for your e-mail. When shall we meet?
早く会いたいです。日取りを決めましょう。	I can't wait to see you. Let's set the date.
時間と場所を決めましょうよ。	Why don't we set the time and place?
いつがご都合よろしいですか？	When would it be convenient for you?
あいにく今週末はふさがっています。来週の土曜日はどうですか？	Unfortunately I have no free time this weekend. How about next Saturday?
今週は忙しいのですが、来週なら少し暇ができます。	I'm busy this week. I'll have some free time next week.
9月17日はご都合よろしいでしょうか？	Is September 17 convenient for you?

9月17日は都合がつけられるかどうかわかりません。9月18日と19日はあいていますが。	I'm not sure I can make it on September 17. I'll be free on September 18 and 19.
9月17日は午後2時以降ならあいています。	I'll be free after 2 p.m. on September 17.
次の土曜日はいかがですか？	How about next Saturday?
ごめんなさい。土曜日は都合がつきません。日曜日ではどうですか？	I'm very sorry, buy I can't make it on Saturday. How about Sunday?
土曜日ではなく、金曜日に会えますか？	Can we meet on Friday instead of Saturday?
時間については後で連絡します。	I'll let you know about the time later.
何時ならご都合がよろしいか、お知らせください。	Please let me know what time is good for you.
私の方は何時でもOKです。	Any time is OK for me.
火曜日に時間がとれるかどうかわかりません。明日、もう一度メールします。	I'm not sure I can have any free time on Tuesday. I'll e-mail you again tomorrow.
あさっての午後4時にこちらに来られますか？	Can you come over at 4 p.m. the day after tomorrow?
ミーティングが午後3時くらいまでかかるのではないかと思います。5時だったら大丈夫ですが。	I'm afraid that the meeting will last until around 3 p.m. I can make it at 5 p.m.

▶11 誘い・招待

水曜日の7時に、渋谷に来られますか？	Can you come to Shibuya at 7 on Wednesday?
水曜日7時で大丈夫です。6時までには退社しますから。	Wednesday at 7 is fine for me. I leave my office by 6.
万が一、遅れそうになったときのために、携帯電話の番号を教えてください。	Just in case I might be late, please tell me your cell phone number.
もし約束の時間に遅れそうなときは、携帯電話に電話をください。	If you're going to be late for the appointment, call me on the cell phone.
都合がつかない場合は、金曜日の朝、電話をします。	I'll call you on Friday morning if I can't make it.
都合がつかない場合は、明朝までにメールします。出発前にメールをチェックしてください。	I'll e-mail you by tomorrow morning if I can't make it. Please check your e-mail before you leave.
6時に迎えに行きましょうか？	Shall I pick you up at 6?
本屋の前で待っていてくれますか？6時ごろ迎えに行きます。	Will you wait in front of the bookstore? I'll pick you up around 6.

4　会う場所を決める

会うのはどこがいいですか？	Where do you want to meet?
私は品川がいいのですが。	Shinagawa is good for me.

品川まで来ていただけるとありがたいのですが。	I would be grateful if you could come to Shinagawa.
ABCデパートの前で会いましょう。	I'll meet you in front of ABC Department Store.
日曜日、喜んでお会いしたいです。正午に新宿駅南口でいかがですか？	I'll be happy to meet you on Sunday. How about at noon at the south exit from Shinjuku Station?
会社を出たところで待っています。	I'll be waiting just outside of my office.
そちらの方に、どこかいいレストランをご存知ですか？	Do you know any good restaurants around there?
私たちのオフィスの近くに、新しい喫茶店があります。	There is a new coffee shop near our office.
町田駅の近くで、どこか静かな喫茶店をご存知ですか？	Do you know any quiet coffee shops near Machida Station?
ABCデパートの２階のロビンはいかがですか？	How about Robin on the second floor of ABC Department Store?
池袋はどうですか？いい和食のレストランを知っています。	How about Ikebukuro? I know a nice Japanese restaurant.
新宿駅の近くに、いいイタリアンレストランを見つけました。とても安いんです。	I found a good Italian restaurant near Shinjuku Station. It's quite cheap.
イタリアンレストランはいいですね。新宿駅で６時に会いましょう。	An Italian restaurant is fine. Let's meet at Shinjuku Station at 6.

▶ 11 誘い・招待

そのイタリアンレストランに連れて行ってもらえたら、うれしいです。	I'd be grateful if you could take me to the Italian restaurant.
そのイタリアンレストランまでの行き方を教えてください。そちらに 6:30 までに到着するようにします。	Please let me know how to get to the Italian restaurant. I'll be there by 6:30.
ディナー、いいですね。インターネットでよさそうなレストランを検索してみます。	Dinner would be great. I'll search for some good restaurants on the Internet.
インターネットで、目白通り沿いにあるいいレストランを見つけました。	I found some good restaurants on Mejiro Street on the Internet.
フランス料理店と寿司屋とでは、どちらがいいですか？	Which would you like, an French restaurant or a sushi bar?
私はお寿司の方がいいです。夕食をご一緒できること、楽しみにしています。	I'd rather eat sushi. I'm looking forward to having dinner with you.

5　映画などへの誘いの返事（OK するとき）

そうですね。是非映画をご一緒したいです！何を観たいですか？	Yes, I'd love to go to a movie with you! What movie do you want to see?
私も『ラスト・サムライ』が観たいです。どこでやっているのか知っていますか？	I want to see "The Last Samurai", too. Do you know where it is showing on?

友達が『ラスト・サムライ』は本当によかったと言っていました。観たくて待ちきれないくらいです。	My friend said that "The Last Samurai" was really good. I can't wait to see it.
絶対行く。映画は何時に始まるのかな？	I'll definitely go. What time does the movie start?
メールをありがとう。映画は 1:20 に始まるので、タカノ前に正午ということでどうですか？ 映画の前にランチを食べましょうよ。	Thank you for your e-mail. The movie starts at 1:20, and so why don't we meet in front of TAKANO at noon. Let's have lunch before the movie.
ごめんなさい。その映画のことは知りません。どんな映画なんですか？	I'm sorry, but I don't know about the movie. What kind of movie is it?
その映画は誰が出ているのですか？	Who is in the movie?
ええ、喜んであなたの野球の試合を見に行きます。どこで行われるのですか？	Yes, I'll be glad to go to see your baseball game. Where does it take place?
是非あなたの野球の試合、見に行きますよ。ボブとジェフにも声をかけてみますね。	I'll definitely go to see your baseball game. I'll ask Bob and Jeff to come with me.
ええ、火曜日の夜はあいています。野球の試合なら喜んで行きます。	Yes, I'm free on Tuesday night. I'd be happy to go to a baseball game.
私が猛烈なヴェルディファンだってこと、知らなかったの？ その試合、絶対に見に行くようにします。	Didn't you know that I'm a terrific Verdy fan? I'll definitely try to go to see the game.

▶11 誘い・招待

ピカソ展、いいですね。できるだけ早いうちに行きましょうよ。	The Picasso exhibition would be great. Let's go as soon as possible.
是非行きましょう。いつにしましょうか？	Yes, let's. When shall we go?
平井堅のコンサートに行くことを考えたら、わくわくします。チケット、とってもらえますか？	I'm so excited about going to Ken Hirai's concert! Can you get tickets for me?
上野公園でお花見なんていいですね!! そこで、お昼ご飯を食べるのはどう？コンビニで買えばいいよね。	Cherry-blossom viewing at Ueno Park would be great!! Why don't we have lunch there? We can buy lunch at a convenience store.
海水浴、行きたいですね。明日会って、計画を立てようよ。	I want to go swimming in the sea. Why not meet tomorrow and make a plan?
豊島園の花火大会なんて最高!! 絶対行くようにします。浴衣を着て行きます。	The fireworks at Toshimaen would be perfect!! I'll definitely try to go. I'll be there in yukata.
是非行きたいです。釣りは大好きなんですよ。	I'd love to go. I like fishing very much.
待ちきれないくらいです。釣りなんてしばらくぶりですから。	I can't wait to go. It's been a while since I went fishing last.
ケンジに釣りを教えてもらえるのはありがたいです。	I'd be grateful if Kenji could teach me how to fish.

6　映画などへの誘いの返事（断るとき）

ごめんなさい、SF 映画は好きじゃないんです。何か他の映画にしましょうよ。	Sorry, but I don't like science fiction movies. Let's see some other movie.
本当に行きたいのですが、都合がつきません。	I really wanted to go, but I can't make it.
本当に申し訳ないのですが、その映画はすでに観てしまいました。	I'm very sorry, but I saw that movie already.
申し訳ないのですが、行けそうにありません。あなたのチームが幸運に恵まれますように！	Apologies, I just can't go. Good luck to your team!
誘ってくれてありがとう。でも、サッカーには興味がありません。	Thank you for asking me, but I'm not interested in soccer.
本当に、本当にコンサートに行きたいところなんだけど、残念ながら出張のため、こちらにはいないのです。	I really really wanted to go to the concert, but unfortunately I'll be out of town for a business trip.
申し訳ないのですが、風邪をひいているのです。明日は出かけられそうにありません。	Sorry, but I have a cold. I think I won't be able to go out tomorrow.
行けるものなら行きたいのだけれど、明日は他に用事があります。	I wish I could go, but I have other plans tomorrow.
ごめんなさい。やらなきゃいけないことがたくさんあるものだから。	Sorry, but I have a lot of things to do.

本当にごめんなさい。家にいて母の看病をしなければならないのです。母の具合が悪いものだから。

悪いんだけど、海で泳ぐのは苦手なんです。プールに行くのはどうですか？

誘ってくれてありがとう。でも、夏休みは北海道で家族と過ごすことにしていますので。

I'm really sorry, but I think I'll have to stay home and take care of my mother as she is sick.

Sorry, but I don't like swimming in the sea. How about going to the pool?

Thank you for asking me, but I'm going to stay with my family in Hokkaido during my summer vacation.

7 パーティーの企画

Hello!!

June is coming back this summer.
We're going to have a party for her.

　Date : 7:00-9:00 on August 2
　Place : Ryu's Bar (phone: 3333-4567)

Please join us!
Makoto

P.S. If you need a map to Ryu's Bar, let me know.

こんにちは!!

ジューンがこの夏、帰ってきます。
彼女のためにパーティーを開こうと企画しています。

　日時：8月2日　7時〜9時
　場所：Ryu's Bar（電話：3333-4567）

どうぞご参加ください！
マコト

追伸：Ryu's Bar までの地図が必要であれば、お知らせください。

前に集まってからしばらくたちましたね。パーティーを企画しようよ。

It's been a while since we got together. Let's make a plan to have a party.

去年のバーベキューパーティーはとても楽しかったね。今年もまたバーベキューパーティーをやりましょう。	The barbecue party last year was so much fun, wasn't it? Let's have a barbecue party this year, too.
バーベキューパーティーはどこでやりましょうか？	Where shall we have the barbecue party?
バーベキューパーティーをやるのにいい場所を知っていますか？	Do you know any good places for a barbecue party?
招待客のリストをメールで送ります。	I'm sending the list of the guests by e-mail.
みんなに招待状を送っておいてもらえますか？	Could you send invitation cards to all?
ディヴィッドに招待状を送っておきますね。	I'll send an invitation card to David.
あなたの友達を招待してもらえますか？	Will you invite your friends?
彼にはメールでパーティーのことを知らせておきます。	I'll let him know about the party by e-mail.
誰か他に招待したい人はいますか？	Do you want to invite anyone else?
リューズバーの予約をとっておきましょうか？	Shall I book us at Ryu's Bar?
20名で、リューズバーの予約をとっておきました。	I booked Ryu's Bar for 20 people.

8　パーティーへの誘い（ホームパーティー）

来週末あたり、集まってお茶でも飲まない？ いつがいいですか？ メールをください。	Why don't we get together for tea next weekend or so? When is it convenient for you? Please e-mail me.
8日か15日かのどちらかにティーパーティーを開こうと思っています。どちらの日がいいかをお知らせください。	We're going to have a tea party on either 8 or 15. Let us know which day is convenient for you.
ブラウン夫妻が金曜日の午後にいらっしゃいます。お茶を飲みにいらしてください。ご夫妻もあなたに会いたがっていらっしゃいます。	Mr. and Mrs. Brown are visiting us on Friday afternoon. Why don't you come over for tea? They want to see you.
土曜日の3時、お茶を飲みに家にいらっしゃいませんか？	Would you like to come to my house for tea on Saturday at 3?
後ほど、家までの地図をファックスで送ります。	I'll send a map to my house by fax later.
ヨウコから、2月12日に彼女の家でティーパーティーを開くつもりだ、というメールが届きました。	Yoko e-mailed me that she was going to have a tea party at her house on February 12.
彼女がアップルパイを焼くそうですよ。	She is going to bake an apple pie.
彼女はあなたに来てもらいたがっています。	She wants to have you there.
来週の日曜日、家で昼食会を開きますので、来てください。	We're going to have a luncheon party at our house. Please join us.

▶11

誘い・招待

12月24日6時から我が家でクリスマスパーティーを開きます。

We'll have a Christmas Party at our house on December 24 from 6 p.m.

私の家で、ディナーパーティーを開きます。5月28日5:30に家に来てください。

We're going to have a dinner party. Please come to our house on May 28 at 5:30.

家族全員、あなたにお会いできるのを楽しみにしています！

We all are looking forward to seeing you!

リサも誘ってください。

You can invite Risa.

お友達を連れてきてもいいですよ。

You can bring your friends.

1品お持ちください。

Please bring one dish.

9 パーティーへの誘い（レストランなどで）

金曜日の7時から、リューズバーでパーティーがあります。

There is a party at Ryu's Bar on Friday from 7 p.m.

テリーとミチコも招待しています。

I've invited Terry and Michiko, too.

テリーとミチコも来ますよ。

Terry and Michiko will be there.

近所の方も何人か出席なさいます。

Some of my neighbors will be there.

だいたい10人くらいいらっしゃると思います。

We'll have about 10 people.

私は出席するのですが、あなたも一緒に行きませんか？	I'll be attending. Do you want to go with me?
ボビーのパーティーには行きますか？ あなたと一緒に行きたいと思って。	Are you going to Bobby's party? I want to go with you.
是非来ていただきたいと思っています。	We'd love to have you here.
ご近所の方と会えるいい機会ですよ。	It would be a good chance to meet your neighbors.
パーティーでいろんな方とお知り合いになれますよ。	You can meet many people at the party.
楽しいと思いますよ。	It will be fun.
ピーターの歓迎会 / 送別会 / 誕生会を開きます。	We're going to have a welcome / farewell / birthday party for Peter.
10月28日5時から7時まで、トニーズパブを予約しています。	We have a reservation at Tony's Pub for October 28, from 5:00 to 7:00.
二次会にはカラオケパブを用意しています。	We have a reservation at a karaoke pub for the second party.
4月18日、午後2:30よりクラスの茶話会をグリーンカフェで開きますので、来てください。	Please come to the class tea party at Green Cafe on April 18 from 2:30 p.m.
パーティーへの参加費は無料です。	You can participate in the party for free.
3月14日にクラスの同窓会を開きます。	The class reunion will be held on March 14.

誘い・招待

なつかしい友達に会えるいい機会です。是非ご参加ください！	It would be a great chance to meet your old friends. Please come and join us!
時間と場所は以下の通りです。	The time and place are as follows.
参加費は5000円です。	The participation fee is 5,000 yen.
できるだけお早めにお返事ください。	Please reply as soon as possible.
9月20日までにEメールか電話でお返事ください。	Please reply by e-mail or phone by September 20.

10 パーティーへの招待の返事

パーティーにご招待いただき、どうもありがとうございます。	Thank you very much for inviting me to the party.
喜んでディナーパーティーにうかがいます。	I'd be happy to come to your dinner party.
少しばかり遅れるかもしれませんが、必ず行きます。	I might be a little bit late, but I'll definitely be there.
お宅までどうやって行けばいいのか教えてください。	Could you tell me how to get to your house?
喜んでうかがいます。ディナーの準備、手伝いましょうか？	I'll be glad to go there. Shall I help you prepare dinner?
何か持って来てほしいものがありますか？	Is there anything that you want me to bring?

1品か2品、お持ちしましょうか？	Shall I bring a dish or two?
サンドウィッチを少し持って行きます。	I'll bring some sandwiches.
ニッキを連れて行ってもいいですか？	Can I bring Nikki?
お返事をお送りするのが遅くなってしまい、本当に申し訳ありません。同窓会には喜んで出席させていただきます。	I'm very sorry that I didn't send a reply sooner. I will be happy to attend the class reunion.
すみませんが、その日は仕事のため、出席できません。	I'm really sorry, but I can't attend. I have to work that day.
ぜひとも皆さんにお会いしたいのですが、残念ながらパーティーには出席できそうにありません。	I'd love to see you all, but unfortunately I won't be able to go to your party.
またの機会にお目にかかれることを楽しみにしています。	I'm looking forward to seeing you at some other gathering.

11 結婚式・披露宴への招待

結婚式にご招待するために手紙を書いています。	I'm writing to invite you to our wedding ceremony.
結婚式の後、ささやかな披露宴を行います。	We're going to have a small reception after the wedding ceremony.

私たちの結婚式と披露宴に、是非あなたに出席していただきたいと思います。	I do hope you will attend our wedding ceremony and reception.
6月18日3時より帝国ホテルで披露宴を行います。是非来ていただきたいと思います。	We are going to have a reception at the Imperial Hotel on June 18, from 3. I want to have you there.
披露宴でピアノの演奏をご披露いただきたいのですが。	We'd appreciate it if you could play the piano for us at our reception.
パーティーのときに、スピーチをしていただけないでしょうか。	I was wondering if you could make a speech for us at our party.

12 結婚式・披露宴への招待の返事

ご結婚おめでとうございます。	Congratulations on your wedding!
ご結婚なさるとのこと、大変うれしく思っております。	I'm very glad to know that you are getting married.
喜んで結婚式と披露宴に出席させていただきます。	I'm delighted to attend your wedding ceremony and reception.
パーティーでは喜んでスピーチをさせていただきます。	I'll be happy to make a speech at the party.
披露宴にお招きいただき、ありがとうございます。	Thank you very much for inviting us to your reception.

誠に残念ですが、披露宴には出席できません。

I am very sorry to say that I won't be able to attend your reception.

お2人で末永くお幸せに。

Please accept my best wishes for a long and happy life together.

13 遠く離れている友達と会う

▶そちらへ行きます

なんと、来月出張で香港に行くんですよ。是非お会いしたいです。

I'll tell you what. I'm going to Hong Kong on a business trip next month. I'd love to meet up with you.

8月29日から1週間香港に滞在します。お会いできる日があるでしょうか？

I'll be staying in Hong Kong for a week from August 29. Can we meet one day?

ホリディ・インに宿泊します。会いに来てもらえますか？ 夜7時以降ならいつでもOKです。

I'll be staying at the Holiday Inn. Could you come and see me? Any time after 7 is OK.

香港滞在中に、一晩でも飲みに行けるでしょうか？

Can we meet for a drink one evening during my stay in Hong Kong?

この夏、沖縄を旅行するつもりです。案内していただけますか？

I'm going to travel in Okinawa this summer. Could you show me around?

是非、沖縄料理が食べたいのですが、どこかいいレストランをご存知ですか？	I'd love to eat Okinawan food. Do you know any good restaurants?
ご招待ありがとう。9月の初旬［中旬／下旬］に滞在させていただいてもいいですか？	Thank you for inviting me. Can I stay with you at the beginning [in the middle / at the end] of September?

▶案内しましょう

東京にいらっしゃると聞いてうれしかったです。いつになりそうですか？	I was glad to hear that you're coming to Tokyo. When will it be?
家に泊まったらどうですか？ あなたの泊まる部屋はありますから。	Why don't you stay with us? We have a bedroom for you.
よろしければ、狭いですが家に泊まってください。	Please stay at our small house if you don't mind.
長崎をご案内しましょう。	I'll show you around Nagasaki.
いくつか観光名所にお連れしましょう。	I'll take you to some tourist attractions.
どこか行きたいところはありますか？	Are there any places you want to visit?
いいレストランをいくつか知っています。そのうちの何軒かにお連れしましょう。	I know some good restaurants. I'll take you to some of them.
18日は仕事になりそうですが、19日と20日は喜んでご案内しますよ。	I'm afraid that I'll have to work on the 18th, but I'll be happy to show you around on the 19th and 20th.

Chapter 12
お祝い

Dear David,

Congratulations on your new job!
I was really glad to know that you've got a position as an editor.
When will you start working?
Let's have a celebration party before you get too busy.

Hope to hear from you soon.

Best regards,
Masashi
Masashi

ディヴィッドへ

就職おめでとう！
君が編集者の仕事に就いたと知って、本当にうれしいよ。
仕事はいつ始まるの？
忙しくなる前にお祝いのパーティーをしようよ。

お返事ください。

敬具
マサシ

1 誕生日

誕生日おめでとう！	Happy birthday!
10月31日、20回目のお誕生日おめでとう！	Happy 20th birthday on 31st October!
25歳の誕生日おめでとう！	Congratulations on your 25th birthday!
素敵な誕生日を！	Have a nice birthday!
すばらしい1年になりますように！	I hope you have a great year!
バースデーパーティーに出席できなくて、ごめんね。	I'm sorry that I couldn't attend your birthday party.
息子さんの誕生日、おめでとう！	Happy birthday to your son!
このカードが間に合うように届くといいのですが。	I hope this card will arrive in time.

2 入学

入学試験合格おめでとう！	Congratulations on your passing the entrance exam!
成功したね。おめでとう！	Congratulations on your success!
弟さんの試験合格、おめでとう！	Congratulations to your brother for his passing the exam!

XXX大学に入学なさったと聞き、喜んでいます。	We were delighted to hear that you were accepted to XXX College.
これ以上ないくらい、私たちはあなたのことを誇りに思っていますよ。	We couldn't be prouder.
あなたが試験に合格したと聞いて、私たちがどんなに喜んだか、あなたには想像もつかないでしょう。	You can't imagine how we were delighted to hear that you passed the exam.
大学での幸運を祈ります。	Good luck at college.
ロンドン大学での幸運を祈ります。	Good luck to you when you start at London University.
楽しく充実した大学生活を送られることを祈ります。	All my best for a happy and fulfilling college life.
ご家族と離れて暮らすのですか？	Are you living away from your family?
寮に入るの？	Are you living in a dorm?
いつ発つの？	When are you leaving?
新しい住所が決まったら、連絡してね。	When you get your new address, drop me a line.

3 卒業

卒業おめでとう！	Congratulations, Graduate!
卒業おめでとう！	Congratulations on your graduation!
卒業おめでとう！	Happy graduation!
卒業だね！	You've graduated!
文学士号取得おめでとう！	Congratulations on obtaining a B.A. degree!
素晴らしいお知らせを受け、うれしいばかりです。	It was a joy to hear the great announcement.
このハッピーな日におめでとう！	Congratulations on this happy day!
息子さんのご卒業、おめでとうございます。	Congratulations to your son for his graduation.
あなたの息子さんが優等でご卒業なさったと聞き、うれしく思っています。	Grad to hear that your son graduated with honors.
息子さんのことを誇りに思っていらっしゃるでしょう。	You must be proud of your son.
彼は本当に頑張り屋ですね。	I know he is a really hard worker.
よくやったね！	You did it!
よくやり遂げたね！	You made it!

これまでよくやってきたね。	You've really worked hard to get here.
あなたのことを誇りに思っています。	I'm so proud of you.
明るい未来が君を待っているよ。	A bright future is waiting for you.
明るい未来をお祈りします。	Best wishes for a bright future.

4 就職・昇進

就職おめでとう！	Congratulations on your new job!
そんなに素晴らしい仕事が見つかったと知り、私たちは本当に喜んでいます。	We're really glad to know that you've got such a great job.
先生になったんだね。おめでとう！	Congratulations on your new job as a teacher!
なんていいニュース！	What happy news!
あなたの手紙を読んで、私たちがどんなに興奮したか、あなたには想像もつかないでしょう。	You can't imagine how excited we were to read your letter.
あなたのこと、私たちは本当にうれしく思っています。	We are really happy for you.
編集者としての仕事が決まったなんてすごいね。	Great that you've got the position as an editor.

ABC保険会社で働いているんですってね。	I hear you're working for ABC Insurance Company.
ジミーから聞いたけど、ABC会社から採用したいという話があったんだってね。うれしいよ。	I hear from Jimmy that you had a job offer from ABC Company. I'm happy for you.
仕事はいつから始まるの？	When will you start working?
どちらの支社ですか？	Which branch office are you working in?
忙しくなる前にお祝いのパーティーをしようよ。	Let's have a celebration party before you get too busy.
幸運を祈るよ。	Best of luck to you.
これからの幸運を祈ります。	Best of luck for the future.
新しい仕事での幸運を祈ります。	Good luck in your new job.
昇進なさったと知り、うれしく思います。	I'm glad to know that you've been promoted.
昇進したんだね！	You've got a promotion!
あなたはそれに値する人です。	You deserve it.
人事部長に昇進なさったそうですね。おめでとうございます！	I hear you've been promoted to personnel manager. Congratulations!
近い内にお仕事をご一緒させていただくこと、楽しみにしております。	I'm looking forward to working with you soon.

更なるご活躍をお祈りしております。	Wishing you every further success in your new responsibilities.

5 仕事

新しいプロジェクトチームのメンバーに選ばれたなんて、すごいですね。	Great that you've been chosen as a member of the new project team.
新しいプロジェクトがうまくいきますように。	I hope your new project is going well.
レストランを開店なさったと知り、とても喜んでいます。	We were so delighted to know that you opened a restaurant.
第2号店となるドラッグストアの開店、おめでとうございます！	Congratulations on your opening the second drugstore!
新しい本のご出版、おめでとうございます！	Congratulations on your new book!
あなたのエッセイが出版されたんですね。おめでとう！	You got your essay published. Congratulations!
あなたの本がベストセラーとなりますように。	I hope your book is a bestseller.

▶ 12
お祝い

6　婚約・結婚・結婚記念日

ご婚約おめでとう！	Congratulations on your engagement!
ご婚約を知り、喜んでいます。	I was delighted to know your engagement.
結婚式はいつなの？	When is your wedding?
結婚式に出席できるのを楽しみにしています。	I'm very much looking forward to attending your wedding.
結婚式の準備で忙しいでしょうけれど、それは素敵なときですね。	You must be busy preparing for your wedding, but it's a wonderful time.
彼女はきっと素敵な奥さんになりますよ。	I'm sure she'll make a good wife.
ご結婚おめでとう！	Congratulations on your marriage!
素晴らしい日におめでとう！	Congratulations on your big day!
お幸せに。	Good luck in your new life together.
お幸せに。	Best wishes for your future happiness.
末永くお幸せに。	We wish you a long and happy life together.
結婚したんだね！	You've tied the knot!
ご結婚のお知らせ、ありがとう。	Thank you for your marriage announcement.

ご結婚1周年、おめでとう！	Happy 1st wedding anniversary!
銀婚式、おめでとうございます！	Congratulations on your silver wedding anniversary!

7 出産

ご出産おめでとう！	Congratulations on the birth of your child!
赤ちゃん誕生、おめでとう！	Congratulations on your new arrival!
女の子出産、おめでとう！	Congrats on the birth of your baby girl!
赤ちゃん誕生おめでとう。そして幸せに恵まれますように。	Congratulations and best of wishes for your newborn baby!
赤ちゃんがお生まれになったと聞き、本当にうれしく思っています。	I was really glad to hear that you had a baby.
赤ちゃんの写真、送ってね。	Send me a photo of your baby.
娘さんのお写真、ありがとう。美しい赤ちゃんね。	Thank you for the photos of your daughter. She is beautiful.
かわいい息子さんジョージの誕生、おめでとう！	Congratulations on the birth of your beautiful son George!
あなたと赤ちゃんに会うのが待ちきれないくらいです。	I can't wait to see you and your baby.

8 全快・退院

ご病気から回復されたとのこと、喜んでいます。	I was glad to know that you recovered from your illness.
早くよくなられてよかったです。	I was happy to hear of your quick recovery.
もう2,3日で退院なさると聞き、喜んでいます。	Glad to hear that you're leaving the hospital in a few days.
退院なさったとお聞きして、とてもうれしく思いました。	I was so pleased to hear that you left the hospital.
お母様はすでに自宅に戻られ、回復なさっていることと思います。	I hope your mother is home and on her way to recovery.
来月には仕事に復帰なさると聞き、喜んでいます。でも十分体には注意して。	We were so delighted to hear that you're coming back to work next month, but take good care of yourself.

9 その他

レース優勝、おめでとう！	Congratulations on your winning the race!
息子さんの野球チームが試合に勝ったのはすごいですね。	That's great that your son's baseball team won the game.
彼らの勝利におめでとう。	Congrats to them for their victory.

彼らの次の試合の幸運を祈ります。	Best of luck with their next game.
彼らのチームが優勝するといいですね。	I hope their team wins the tournament.
ピアノコンサートのご成功、おめでとうございます。	Congratulations on your successful piano concert.
ピアノのコンサートにお招きいただき、ありがとうございました。あなたのピアノに本当に感激しました。	Thank you for inviting me to your piano concert. I was really impressed at your performance.
金賞受賞、おめでとうございます。	Congratulations on your winning the gold prize.
書道のコンテストで受賞なさったと聞き、とても喜んでいます。	I was so happy to hear that you won a prize in a calligraphy contest.
運転免許取得、おめでとう！	Congratulations on passing your driving test!
いつドライブに行く？	When shall we go for a drive?
TOEICで高得点をとったんですね。すごい！	Great that you got such a high score on the TOEIC test!
すばらしい成績だったね。感心するよ。	You got excellent grades. I admire you.
数学の試験で満点をとったそうですね。	I hear that you got a perfect score in your math test.
数学、うまくいったね。残りの試験も頑張って。	You did well in math. Best of luck with the rest of your exams.
フランス語の試験、Aで合格したなんてすごいね！	Great that you passed your French with an A!

▶12 お祝い

ご退職、おめでとうございます！	Happy retirement!
ご退職、おめでとうございます。	We wish you a happy retirement.
寂しくなります。	We will miss you.
私たちは、あなたの長い間のご協力に感謝しています。	We thank you for your long-term cooperation.
趣味に専念する時間を持てるようになるとお聞きし、喜んでいます。	I'm glad to hear that you'll have the time to pursue your hobbies.
自分自身の時間が持てるようになりますね。	Great that you'll have time for yourself.
充実した退職生活をお過ごしくださいますように。	All the best for a fulfilling retirement.
いいマンションが見つかったそうで、よかったです。	Glad to hear that you've found a nice apartment.
いいマンションのようですね。	Sounds like a good apartment.
自分の家に住むというのは、いいものですね。	It's good to live in your own house.
引っ越しはいつですか？	When is your move?
連絡をいただければ、手伝いに行きますよ。	If you could drop me a line, I'll help you out.
何か私にできることがあったら、知らせてください。	If there's anything I can do for you, let me know.
引っ越し先での幸せをお祈りします。	Best wishes in your new place.
新居にうかがわせていただくのを楽しみにしています。	I'm looking forward to visiting your new place.

Chapter 13

お礼

Dear Mr. & Mrs. Green,

I arrived home safely yesterday, and I'm writing to say how grateful I am to you.
Thank you very much for everything you did for me during my stay in Oxford.

I have so many good memories.
George's funny jokes, Marie's cooking, the barbecue party, swimming with Kevin and Nikki...
I had a really good time!

Please say hello to Kevin and Nikki.

Best regards,
Hitoshi
Hitoshi

グリーン夫妻

昨日、無事家に着きました。そして今、私の感謝の気持ちをお伝えしたくて、手紙を書いているところです。
オックスフォード滞在中はいろいろとお世話になり、本当にありがとうございました。

思い出がたくさんできました。
ジョージのおもしろいジョーク、マリーの料理、バーベキューパーティーのこと、ケビンやニッキと泳いだことなど…
本当に楽しかったです！

ケビンとニッキにもよろしくお伝えください。

敬具
ヒトシ

1　手紙・カード・Ｅメールのお礼

お手紙ありがとう。	Thank you for your letter.
お手紙、今日届きました。	I received your letter today.
どうしているのかなぁと思っていたところへ、あなたからの手紙が届きました。	Your letter arrived just when I was wondering how you were doing.
皆さん、お元気そうでよかったです。	I was very glad to know that you are all well.
お便りをいただき、うれしかったです。	I was very glad to hear from you.
また連絡をいただけてうれしかったです。	I was happy that you got in touch with me again.
お返事をいただき、どうもありがとう。	Thank you very much for your reply.
早速ご連絡をいただき、うれしかったです。	It was great to hear from you so soon.
私の誕生日にカードをいただき、うれしかったです。	I was pleased to receive your card for my birthday.
きれいな年賀状をいただき、ありがとうございました。	It was so nice of you to send me the lovely New Year card.
素敵なカードをありがとう。とてもうれしかったです。	Thank you for your nice card. It made me so happy.

今朝はメールをいただき、ありがとう。	Thank you for your e-mail this morning.
楽しいEカードをどうもありがとう。	Thank you very much for your fun e-card.

2 贈り物のお礼

▶プレゼント、届きました

感謝の気持ちを伝えたくて、手紙を書いています。	I'm writing to let you know how grateful I am to you.
本当に、本当にありがとう!!	Thank you very very much!!
プレゼントをありがとうございます。	Thank you for your gift.
誕生祝い／結婚祝いのプレゼントをありがとう。	Thank you for your birthday / wedding present.
私の誕生日を覚えていてくれたんですね！	You remembered my birthday!
ハルカにプレゼントをいただき、ありがとうございます。	Thank you for your present for Haruka.
昨日あなたからのプレゼントが届きました。	I received your gift yesterday.
どうして私の欲しいものがわかったの？	How did you know what I wanted?
ずっと前から欲しかったものでした。	That was what I had long wanted.

とても気に入っています。	I like it very much.
すごく気に入っています。	We absolutely love it.
あなたのプレゼント、とても心に残るものです！	We're so impressed with your present!
あなたは本当に気前のよい方ですね。	You're really generous.
大切にします。	I'll treasure it.

▶写真のお礼

写真をどうもありがとう。	Thank you for the photos.
ご親切にたくさんの写真を送っていただき、ありがとうございます。	It was very kind of you to send me so many photos.
あなたからいただいた写真の1枚を壁に飾りました。	I put one of your photos on the wall.
みんなで写真を楽しませていただきました。	We all enjoyed your photos.
赤ちゃんの写真をどうもありがとう。	Thank you for the photos of your baby.
とてもかわいいですね。	She is really lovely.
マイクにとてもよく似ていますね。	She looks like Mike very much.
パーティーの時に撮っていただいた写真を受けとりました。	I received the photos you had taken at the party.
写真をありがとう。写真を見ると、旅行の思い出がよみがえります。	Thank you for the photos. They remind me of the memories of my trip.

▶食器などのお礼

ペアの素敵なティーカップ、ありがとうございます。	Thank you for the pair of lovely tea cups.
美しいティーポットをありがとうございます。	Thank you for the beautiful teapot.
あなたからいただいたティーポット、毎日使っています。	We use your teapot every day.
娘が箱の中にミッキーマウスのマグカップが入っているのを発見し、どんなに興奮したか、言い表すことができないくらいです。	I can't tell you how excited my daughter got when she found the Mickey Mouse mug in the box.
ミッキーマウスのマグカップで彼女が牛乳を飲んでいるのはおかしいです。だって、彼女は牛乳が嫌いなはずなのですから。	It's funny that she drinks milk from the Mickey Mouse mug because she doesn't like milk.
ご親切に素敵な花瓶を送っていただき、ありがとうございます。	It's nice of you to send us such a wonderful vase.
私たちのリビングルームにぴったりです。	It's perfect for our living room.

▶洋服・アクセサリーなどのお礼

かわいいTシャツをありがとう。	Thank you for the cute T-shirt.
着心地がいいです。	It's comfortable.
白のブラウスをありがとう。サイズがぴったりです。	Thank you for the white blouse. It fits me perfectly.

仕事着としての白いブラウスが必要だったんです。	I needed a white blouse for work.
肌寒い日にぴったりです。	It's perfect for the cool weather.
私がカーディガンをどんなに喜んだか、あなたには想像もつかないでしょう。	You can't imagine how pleased I was with the cardigan.
色が気に入っています。	I like its color.
その薄黄色がとてもきれいですね。	The pale yellow color is very beautiful.
母にエレガントなワンピースをありがとうございます。	Thank you for the elegant dress for my mother.
そのワンピース、彼女にとてもよく似合います。	The dress suits her very well.
彼女はそのデザインを気に入っています。	She likes its design.
娘はあなたからいただいたコートをしょっちゅう着ていますよ。	My daughter wears your coat all the time.
それを着ていると、とても暖かいと言っています。	She says that it keeps her very warm.
彼女のコートは古くなっていて、新しいコートを探していたところでした。	Her coat was old and she was looking for a new one.
主人はあなたからいただいたネクタイをとても気に入っています。	My husband likes the necktie from you very much.

そのネクタイは彼の持っているシャツによく合います。	The necktie matches his shirts.
私がどんなに驚いたか、あなたには想像もできないくらいだと思います。新しい帽子を買いに行こうとしていたところへ、帽子が届いたんですよ。	You can't imagine how surprised I was. The cap arrived just when I was about to go to buy a new one.
プラダのバッグをありがとう。	Thank you for the PRADA bag.
プラダのバッグ、本当に欲しかったんです。	I really wanted a bag by PRADA.
美しい真珠のネックレスをどうもありがとうございます。	Thank you very much for the beautiful pearl necklace.
サングラス、とてもかっこいいね！	The sunglasses are so stylish!

▶本・CDのお礼

『ハリー・ポッター』、今日届きました。ありがとう！	*Harry Potter* arrived today. Thank you!
本当に読みたかったの！	I really wanted to read it!
本をありがとう。私がスティーブン・キングが好きだってどうしてわかったの？	Thank you for the book. How did you know I like Stephen King?
ガーデニングの本、ありがとう。とても役に立つ本です。	Thank you for the book on gardening. It's a very helpful book.

あなたがくださった本を読んでいます。とてもおもしろいです。	I'm reading the book you gave me. It's very interesting.
高価で貴重な本をありがとうございます。	Thank you very much for the expensive and valuable book.
ヴァネッサ・カールトンの新しいCDをありがとう。	Thank you for Vanessa Carlton's new CD.
ノラ・ジョーンズのCDは今まで聴いたことがありませんでした。彼女のすばらしい声にとても感激しました。	I had never listened to any of Norah Jones's CDs before. I was very impressed by her wonderful voice.
今はあなたがなぜ彼女を好きなのかわかります。	Now I understand why you like her.
あなたが送ってくれたCDを毎晩聴いています。ハードな1日の後でリラックスできるのはいいものです。	I listen to the CD you sent to me every night. It is good for relaxing after a hard day.

▶食べ物へのお礼

お手製のキャロットケーキ、ありがとう。	Thank you very much for your homebaked carrot cake.
こんなにおいしいキャロットケーキは食べたことがありません。	I'd never eaten such a delicious carrot cake.
家族全員、あなたのクッキーが気に入りました。	My whole family loved your cookies.
青森からりんごを届けていただき、ありがとう。本当においしいですね。	Thank you for the apples from Aomori. They are really delicious.

朝一番にすることは、あなたからいただいたコーヒーを一杯飲むことです。	The first thing I do in the morning is drink a cup of your coffee.
あなたからいただいた紅茶を飲むたびに、私たちはあなたの話をしています。	Whenever we drink the tea you gave me, we talk about you.
とてもおいしいです。	It's very tasty.
シリアルをありがとう。こちらでは手に入らないから、とてもうれしいです。	Thank you for the cereal. I'm so happy since we can't get them here.
ワインをありがとう。今晩、妻と飲ませていただきます。	Thank you for the wine. I'm going to drink some with my wife tonight.

3　招待へのお礼

ディナーパーティーにご招待いただき、ありがとうございました。	It was nice of you to invite me to your dinner party.
パーティーではとても楽しいひとときを過ごせました。	I had a great time at the party.
とても楽しかったです。ありがとうございました。	I enjoyed myself very much. Thank you.
皆さんにお会いできてよかったです。	I was very happy to meet you all.
ご近所の方々とお話ができてよかったです。	I was very happy to talk to my neighbors.

あなたのお友達とお会いできてうれしかったです。	I was glad to meet your friends.
なつかしい友達に会えてよかったです。	It was good to meet my old friends.
あなたが作ってくださったビーフシチューは本当においしかったです。	Your beef stew was really delicious.
あなたが作ってくださったチョコレートケーキは格別においしかったです。	Your chocolate cake was especially good.
今度レシピを教えてください。	Please teach me some recipes next time.
ピーターのピアノの演奏はとても上手でしたね。	Peter played the piano very well.
本当にダンスが楽しかったです。	I really enjoyed dancing.
あのカードゲームは本当におもしろかった！	Those card games were really fun!
あんまり楽しくて、長居してしまいました。ごめんなさいね。	I was having so much fun that I stayed too long. I'm sorry about that.
次はこちらへいらしてください。	Please visit us next time.
また近いうちに集まりましょう。	Let's get together again sometime soon.

4 励ましてくれた人・相談にのってくれた人へ

アドバイスをありがとう。	Thank you for your advice.
あなたのアドバイスがとても参考になりました。	Your advice was really helpful.
あなたは私のよいアドバイザーです。	You are my good advisor.
あなたのようなよい友人を持って、私は幸せです。	I'm happy to have a good friend like you.
心のこもったメールをありがとう。	Thank you for your heartfelt e-mail.
ご心配いただき、本当にありがとうございます。	Thank you very much for your concern.
あなたの手紙はいつも私を勇気づけてくれます。	Your letters always encourage me.
あなたのお手紙を読んで元気が出ました。	Your letter cheered me up.
あなたのメールがとても私を励ましてくれました。	Your e-mail was very encouraging.
あなたのメールを読んでから、ずいぶん気が楽になりました。	I feel much better reading your e-mail.
あなたからの手紙は、大きな慰めとなりました。	It was a great comfort to receive your letter.
もう一度やってみようと決意しました。	I've decided to try again.

▶ 13 お礼

支えてくれてありがとう。	Thank you for your support.
率直に話ができる友達がいるというのは、いいものです。	It is nice to have a friend to talk to frankly.
あきらめてはいけませんよね。	I should not give up.
もう一度彼女と話し合ってみようと思います。	I'll talk to her again.

5 お見舞いのお礼

▶お見舞いありがとう

きれいなお花をありがとう。	Thank you for your beautiful flowers.
あなたからいただいた花のおかげで、部屋が明るくなりました。	Your flowers have brightened my room.
病室にきれいな花があるのはいいものです。	It is good to have lovely flowers in my bedroom.
温かいお手紙をありがとう。	Thank you for your kind letter.
ご親切に雑誌数冊を送っていただき、ありがとうございます。	It was so nice of you to send me some magazines.
雑誌というのは時間つぶしにはうってつけです。	Reading magazines are the best way to kill time.
本当に退屈していました。	I was really bored.

お見舞いに来ていただいて、とてもうれしかったです。	I was very glad that you came to see me.
実際のところ、寂しくもあり、落ち込んでいたのです。	Actually, I was lonely and depressed.
見舞いに来ていただき、また桃をいただき、ありがとう。	Thank you for your visit and peaches.
何も食べる気がしなかったのですが、あなたからいただいた桃で食欲がわきました。	I didn't feel like eating anything, but your peaches gave me a good appetite.
あなたの愛情と支えに感謝します。	Thank you for your love and support.
お見舞いの品、またあなたの支えに感謝します。	Thank you very much for your support and gift.

▶お見舞いありがとう（家族に代わって）

父の見舞いに来ていただき、ありがとうございます。	Thank you for visiting my father.
私の父に、心温まるお手紙をいただき、ありがとうございます。	Thank you for your heartfelt letter to my father.
今日、父にあなたの手紙を読んであげました。	I read your letter to him today.
彼の目は涙でうるんでいました。	His eyes were wet with tears.
私の母は週に一度あなたとお話できるのを楽しみにしております。	My mother enjoys talking to you once a week.

タツヤは手紙を書けませんので、代わって私が書いています。	As Tatsuya cannot write a letter, I'm writing for him.
彼から聞きましたが、彼のお見舞いに病院まで来ていただいたそうですね。	I heard from him that you came to see him in the hospital.
彼がどんなに興奮していたか、あなたには想像できないでしょう。	You can't imagine how excited he was.

6 お世話になった人へのお礼

▶お手伝いありがとう

あなたのご親切に感謝します。	I appreciate your kindness.
いろいろとありがとうございます。	Thank you very much for everything.
仕事を手伝ってくれてありがとう。	Thank you for helping me with my work.
昨夜は遅くまで、書類の入力の手伝いをしてくれてありがとう。	Thank you for helping me type the documents till late last night.
あなたのおかげで、締め切りに間に合わせることができました。	Thanks to you, I was able to meet the deadline.
あなたに手伝っていただけなかったら、入力し終えられなかっただろうと思います。	Without your help, I couldn't have finished typing.

あなたに手伝っていただけなかったら、私は仕事を終えることができなかったでしょう。	Without your help, I couldn't have finished my work.
昨日、報告書を提出できたので、ほっとしています。	I'm relieved that I was able to hand in my report yesterday.
今朝、報告書を提出しました！ありがとう!!	I submitted the report this morning! Thank you!!
ブラウンさんに聞きましたが、あなたが資料のコピーをとってくださったのですね。	I heard from Miss Brown that you made copies of the handouts.
引っ越しの手伝いをしていただき、ありがとうございます。	Thank you for helping me with my move.
あの日はお疲れになったことと思います。	You must have been tired that day.

▶送迎ありがとう

先日は車で博物館まで送ってくれてありがとう。	Thank you for driving me to the museum the other day.
初めてだったので、どうやって行けばいいかわかりませんでした。	That was my first visit, and I didn't know how to get there.
昨夜は家まで送ってくれてありがとう。	Thank you for driving me home last night.
10時前に帰宅することができました。	I managed to arrive home before 10.
あなたのおかげで、雨にぬれずにすみました。	Thanks to you, I didn't get wet.

▶滞在させていただきありがとう

昨日、帰り着きました。	I arrived home yesterday.
オックスフォードでは楽しいひとときを過ごすことができました。	I had a great time in Oxford.
オックスフォード滞在中はお世話になり、ありがとうございました。	Thank you for everything you did for me during my stay in Oxford.
ご親切に、たくさん素敵なところへ連れて行っていただきました。	It was very kind of you to take me to so many nice spots.
特にキューガーデンは印象的でした。	I was especially impressed by Kew Gardens.
あなた方のおもてなしに、本当に感謝しております。	I'm really grateful to you for your hospitality.
あなたとあなたのご家族と共に過ごせて、とても幸せでした。	I was very happy to be staying with you and your family.
あなたのお宅で、とても楽しく過ごさせていただきました。	I had a wonderful time at your home.
あなたの作ってくださったポークビーンズがなつかしいです。	I miss your pork beans.
あなたのおかげで、英語が上達できました。	Thanks to you, I could improve my English.
言いたいことをわかってもらえる程度にはなりました。	I've become able to make myself understood.
パリ滞在中に撮った写真を何枚か同封します。	I'm enclosing some photos I took during my stay in Paris.

Chapter 14
お詫び

Dear Marie,

How are you doing?
I'm very sorry that I haven't been in touch for a while.
I came back from my business trip to Sapporo yesterday.
I didn't take my computer with me and couldn't send a message to you.

Why don't we meet for dinner next Saturday?
Looking forward to hearing from you soon.

Regards,
Wataru
Wataru

マリーへ

どうしてますか？
ご無沙汰してしまって、すみません。
札幌出張から昨日帰って来たところですが、
パソコンを持って行かなかったので、メールを出すことができなかったのです。

次の土曜日、一緒に夕食でも食べませんか？
お返事、お待ちしています。

敬具
ワタル

1 返事が遅くなったとき

▶返事が遅くなりすみません

しばらく連絡せず、本当に申し訳ありません。	I'm very sorry that I haven't been in touch for a while.
長いこと連絡をとらず、本当にすみません。	I'm very sorry that I haven't contacted you for a long time.
ごめんなさい。もっと早く書くべきでした。	Apologies. I should have written you sooner.
ご無沙汰しており、申し訳ありません。	Sorry that I've been out of touch.
お返事が遅くなってごめんね。	Sorry for not writing you back sooner.
返信が遅くなりまして、本当に申し訳ありません。	I'm really sorry for the delay in getting back to you.
お返事するのに時間がかかってしまい、ごめんなさい。	I'm sorry that I've taken a while to get back to you.
メールにお返事するのが遅くなり、本当にごめんなさい。	Many apologies for not replying to your e-mail.
ご質問にお答えするのが遅くなってしまい、本当に申し訳ありません。	I'm really sorry that I didn't answer your questions sooner.

▶返事が遅れてしまったのは…

先週はひどい風邪をひいてしまいました。	I caught a bad cold last week.

コンピュータにむかう時間があまりありませんでした。	I haven't had much time to sit at the computer.
旅行に出かけておりました。	I was out of town for a trip.
家を離れており、メールのチェックができませんでした。	I was out of town and couldn't check my e-mail.
学校の宿題がたくさんあったのです。	I had a lot of homework.
学校の勉強がちょっと忙しかっただけです。	I've just been busy with my schoolwork.
仕事がてんこもりでした。	I had too much work to do.
昨日、出張から帰ってきたばかりなのです。	I just returned from my business trip yesterday.
実を言うと、アドレス帳を失くしてしまったのです。	To tell the truth, I lost my address book.
ルーシーに尋ねて、彼女からあなたの住所を教えてもらったのです。	I asked Lucy, and she told me your address.
コンピュータがおかしくなっていたのです。	My computer had some trouble.
コンピュータがウイルスに感染し、除去するのに数日かかりました。	My computer was infected with a virus, and it took some days to get rid of it.
その件について、ブラウン氏と話し合う十分な時間がとれずにいます。	I haven't had enough time to discuss the problem with Mr. Brown.
その件については、まだ十分に情報収集ができていないものですから。	I haven't got enough information on it yet.

▶14 お詫び

まだ詳しいことがわかっていないのです。	I haven't got the details yet.

▶また連絡します

短くてごめんなさい。またすぐに連絡するから。	Sorry that this is such a brief note. I'll get back to you again soon.
今は忙しいけれど、すぐまた手紙を書きます。	I'm busy now, but I'll write you again soon.
情報が入り次第、お返事します。	I'll get back to you as soon as I get some information.
詳しいことがわかったらすぐにメールします。	I'll e-mail you as soon as I get the details.
できるだけ早くご質問にお答えできるようにします。	I'll try to answer your questions as soon as possible.

2 遅刻したとき

▶遅刻してすみません

約束の時間に遅れてごめんね。	Sorry that I was late for our appointment.
今日は遅刻してしまい、本当に申し訳ありませんでした。	I'm really sorry that I was late today.

今朝はあなたを30分近くもお待たせしてしまい、本当に申し訳ありませんでした。	I'm really sorry that I kept you waiting for almost half an hour this morning.
大変重要な会議に遅れてしまったことをお詫び申し上げます。	I apologize for having been late for such an important meeting.

▶遅刻した理由については…

今朝の遅刻については、何の弁解もできません。	There is no excuse for my late arrival this morning.
正直に話すと、寝過ごしてしまったのです。	Honestly speaking, I overslept.
目がさめたときには、すでに8時半になっていました。	It was already half past eight when I woke up.
ミーティングが正午まで続いたのです。	The meeting lasted until noon.
ミーティングが思った以上に長くかかりました。	The meeting lasted longer than I had expected.
渋滞に巻き込まれてしまいました。	I got caught in traffic.
電車に乗り遅れてしまいました。	I missed my train.
電車が遅れたのです。	The train was delayed.
約束の時間を7時ではなく7時半だと思っていました。	I thought that our appointment was at half past seven instead of seven.
信じないかもしれないけれど、道に迷ったんだ。	You might not believe it, but I lost my way.

▶14 お詫び

▶ 気をつけます

昨夜もっと早く寝ればよかったんだ。	I should have gone to bed earlier last night.
もっと早く家を出るべきでした。	I should have left home earlier.
今度は遅刻しないと約束します。	I promise not to be late next time.
以後このようなことが絶対にないようにします。	It will never happen again.

3 キャンセルしたとき

▶ キャンセルをお詫びします

約束をキャンセルしなければならなくなったことを、お詫びします。	My apologies for having to cancel our appointment.
間近になってキャンセルすることを、お詫び申し上げます。急用ができました。	Please accept my apologies for canceling at such short notice. I have urgent business.
キャンセルしなければならないことを、もっと早くお伝えすべきでした。	I should have told you earlier that I had to cancel.
あなたのパーティーに出席するとお伝えしていたのですが、出席できそうにないと申し上げなければなりません。急用ができました。	I told you that I would attend your party, but I have to say that I won't be able to do. I have urgent business.
本当にお会いしたかったのですが、仕事を抜け出せませんでした。ごめんなさい。	I really wanted to meet you, but I couldn't get away from work. I'm sorry about this.

残念ながら約束をキャンセルしなければなりません。別の仕事が入ってしまいました。	Unfortunately I have to cancel our appointment. I've been offered another job.
ミーティングを欠席しましたことをお詫びします。	I apologize for missing the meeting.
パーティーを欠席したことについては、弁解のしようもございません。	There is no excuse for my missing the party.
心からお詫び申しあげます。うっかりしておりました。	Please accept my sincere apologies. It slipped my mind.
パーティーに出席するつもりでいたのですが、その日の朝になって具合が悪くなってしまいました。	I was intending to attend the party, but I felt very sick that morning.
連絡がとれませんでした。本当にすみません。	I couldn't contact you. I'm really sorry about this.
お恥ずかしい限りなのですが、すっかりお宅でのディナーパーティーのことを忘れていました。	I'm extremely embarrassed that I completely forgot about your dinner party.
パーティーは次の木曜日だと思っていました。	I thought the party was next Thursday.

▶埋め合わせをさせてください

お約束を再度調整していただけますか？	Can we rearrange our appointment?
日程を組みなおしていただけますか？	Can we reschedule?
今度、埋め合わせをするよ。	I'll make it up next time.

どうか許してください。それから今度、私におごらせて。	Please accept my apologies and let me treat you next time.
必ず、次回のパーティーには行きます。	I'll come to your next party for sure.
次はパーティーに出席すると約束します。	I promise to come to the party next time.

4　誤解が生じたとき

▶誤解があるようです

互いに誤解をしていたようです。	We seem to have misunderstood each other.
誤解があったに違いありません。	There must have been a misunderstanding.
誤解なさったのではないかと思い、お手紙を書いています。	I'm writing as I'm afraid that you might have misunderstood me.
私の言い方が誤解を招いたのではないかと思います。	The way I told you must have caused a misunderstanding.
私が怒っていると思っていらっしゃるかもしれません。	You may think that I'm angry.
私が怒っていないということをわかっていただきたくて、メールしています。	I'm e-mailing you as I want you to understand that I'm not angry.
怒っていらっしゃるのではないでしょうか。	I'm afraid that you are angry.
怒っていらっしゃらなければよいのですが。	I hope you are not angry.

ご心配をおかけして、本当にすみません。	I'm really sorry to make you worry.
あなたのメールを読んでわかったのですが、あなたは私の言ったことを誤解なさったようです。	As I understand from your e-mail, you must have misinterpreted what I said.
あきらめた方がいいなんて、言ったつもりはないんです。	I didn't mean that you should give up.
あまり頑張りすぎない方がいいということを、言いたかっただけです。	I just wanted to say that you should not work too hard.
私の方が勘違いをしていたのかもしれません。私に、書類の入力をして欲しいということだったんですよね？	I may have misunderstood you. You wanted me to type the document, didn't you?
ごめんなさいね。あなたを誤解していました。	I'm so sorry. I misunderstood you.
あなたのおっしゃりたいことが理解できませんでした。キャンセルしたいということだったのでしょうか？	I didn't understand what you wanted to say. Did you mean that you want to cancel?

▶説明が不十分でした

ごめんなさい。きちんと説明していませんでした。	Apologies. I didn't explain myself properly.
私の説明があいまいでした。	My explanation wasn't clear.
私の説明が不十分でした。	My explanation was insufficient.
私の話が明確ではありませんでした。すみません。	I'm sorry that I didn't make myself clear.

あの時はどう言えばいいのかわからなかったのです。	I didn't know what to say at that time.
私がどのように考えていたのかをお話すべきでした。	I should have told you what I was thinking.
お会いしてお話するべきでした。	I should have talked to you face to face.
あなたを怒らせてしまうのではないかと思い、状況を全部お話していませんでした。	I didn't explain the whole situation as I was afraid that I might offend you.
もう一度説明させてください。	Please let me explain again.

5 失敗をしたとき

▶壊してしまいました

パーティーの時、グラスを割ってしまい、本当にすみません。	I'm writing you to apologize for breaking your glass at the party.
申し訳ないのですが、割れたグラスと同じものを見つけることができませんでした。	I'm sorry, but I couldn't find the same one as the one I broke.
そのグラスをお求めになったところを教えていただけませんか？	Could you please tell me where you got the glass?
同じタイプのグラスを数個お送りします。	I'm sending some glasses of the same type.

何軒かの店には行ったのですが、同じものを手に入れることができませんでした。

I went to some stores, but couldn't get a duplicate.

似たようなグラスしか手に入りませんでしたが、なんとか我慢していただければと思います。

I could only get a similar glass. I hope you find it acceptable.

昨日は息子がお皿を割ってしまい、申し訳ありませんでした。

Please accept my apologies for my son's breaking your dish yesterday.

タカシからあなたのティーカップを割ってしまったと聞きました。本当に申し訳ありません。

I heard from Takashi that he had broken your tea cup. I'm really sorry about that.

もう一度お詫びを申し上げたくて、お手紙を書いています。お借りしていたビデオカメラを故障させてしまい、本当に申し訳ありません。

I'm writing to apologize again. I'm really sorry for breaking the video camera I borrowed from you.

修理を済ませたら、すぐにビデオをお返しします。

I'll return your video camera as soon as I have it repaired.

修理代は支払わせてください。

Please let me pay for the repair bill.

請求書は私の方に送ってください。

Please send me the bill.

修理してもらうのに、1, 2週間かかるかもしれません。ご迷惑をおかけしますことを、お詫び申し上げます。

It may take one or two weeks to have it repaired. I'm really sorry for the inconvenience.

▶ 14

お詫び

▶返却していませんでした

本当にごめんなさい。先日は本代をお支払いするのを忘れていました。すぐにお支払いします。	I'm really sorry. I forgot to pay for the books the other day. I'll pay you back right away.
チケット代のお支払いが遅くなってしまい、本当にすみません。小切手をできるだけ早くお送りします。	I'm really sorry for the delay in paying for the ticket. I'll send you the check as soon as possible.
銀行の口座番号を教えてください。すぐに送金します。	Please tell me your bank account number. I'll transfer the money immediately.
あなたにビデオをお返ししていなかったことに気がつきました。すぐに郵送で送ります。	I just realized that I didn't return the video to you. I'll mail to you as soon as possible.
本の返却が遅れましたことを、心よりお詫び申し上げます。	Please accept my sincere apologies for the delay in returning the books.
もっと早く返却すべきでした。	I should have returned them earlier.
あなたからお借りしたカメラをお返しするのが遅れてしまい、すみません。大変ご迷惑をおかけしたことと思います。	Sorry for the delay in returning the camera I borrowed from you. That must have been a terrible inconvenience.
2, 3日中にお返しします。	I'll return them within a few days.
お借りした本をまだ読み終えていないのですが、あと1週間お借りしておいてもよろしいでしょうか？	I haven't finished reading the book I borrowed. May I keep it for another week?

ごめんなさい。あなたの CD を借りっぱなしで。週末までにはお返しします。

Apologies. I still have the CDs I borrowed from you. I'll return them by this weekend.

明日の夜はご在宅ですか？ もしご在宅なら、お宅にお持ちします。

Will you be at home tomorrow night? If so, I'll bring them over.

▶忘れていました

あなたの原稿のチェックはしたのですが、持ってくるのを忘れてしまいました。

I checked your manuscript, but forgot to bring it.

明日の朝、あなたのオフィスに持って行きます。

I'll take it to your office tomorrow morning.

今夜ファックスで送ります。

I'll send it by fax tonight.

昨夜はティムに電話するのを忘れていました。

I forgot to call Tim last night.

今日の午後は電話ができそうにないので、代わりに電話をしておいてもらえますか？

I'm afraid that I won't be able to call him this afternoon. Could you call him for me?

すみません。今朝は電話をかけ直すのを忘れていました。

I'm sorry. I forgot to call you back this morning.

携帯電話の方ではつながらなかったので、メールしています。

I'm e-mailing because I couldn't reach you by cell phone.

ごめんなさい。今日、あなたの手紙を投函するのを忘れていました。明日の朝、会社に行く途中で投函するようにしますね。

My apologies. I forgot to post your letter today. I'll post it on the way to my office tomorrow morning.

▶不注意でした

不注意でした。	I was careless.
私がもっと注意していればよかったのです。	I should have been more careful.
恥ずかしいです。	I'm ashamed of myself.
飲みすぎていました。	I drank too much.
昨夜はすっかり酔ってしまい、非常にお恥ずかしいです。	I'm quite ashamed that I was so drunk.
昨日はしゃべりすぎました。	I talked too much yesterday.
あまりに酔ってしまって、何を言ったか覚えていないくらいなのです。	I was so drunk that I don't remember what I said.
私のミスでした。	It was my mistake.
私が悪かったのです。	It was my fault.
もっと早くあなたにお詫びの手紙を書くべきでした。	I should have written you to apologize earlier.
その件につきまして、もっと早くお詫びを申し上げるべきでした。	I should have apologized for it earlier.

Chapter 15
励まし

Dear Peter,

I was sorry to hear that you broke your leg.
If there is anything I can do for you,
just let me know.

I wish you a quick recovery, and
look forward to playing soccer with you again.

Your friends,
Kiyoshi
Kiyoshi

ピーターへ

脚を骨折したのは残念だね。
僕に何かできることがあったら、
知らせて欲しい。

早くよくなりますように。
それから、君とまたサッカーができるのを楽しみにしているよ。

敬具
キヨシ

1 病気・けがをした人へ

あなたがご病気と聞き、お気の毒に思います。	I'm sorry to hear about your illness.
あなたがインフルエンザで仕事を休んでいるとは、お気の毒に。	Sorry to hear that you've been staying home from work with the flu.
暖かくして休んでください。	Stay warm in bed.
よくなってきているそうで、安心しました。	I was relieved to know that you're getting better.
週末で一層治るといいですね。	I hope you get even better over the weekend.
早くよくなってください。	Get well soon.
早く回復なさいますように。	I wish you a quick recovery.
仕事のことは忘れて、ご自愛ください。	Forget about your work and take care of yourself.
あと2, 3日は家にいた方がいいですよ。	You had better stay home for another few days.
おばあちゃんが入院なさっていると聞きました。	I heard your grandmother is in the hospital.
おばあちゃんのご病気のことを聞き、お気の毒に思います。	I'm sorry to hear about your grandmother's illness.
ただ、熱が下がったことはよかったですね。	But I'm glad that her fever went down.

マサヒコからあなたが腕を骨折したと聞きました。	I heard from Masahiko that you broke your arm.
あなたの事故のことを聞き、お気の毒に思います。	I'm sorry to hear about your accident.
お怪我がひどくなければよいのですが。	I hope your injuries are not serious.
あなたの傷は縫うほどのことがなかったそうで、ほっとしました。	I was relieved to hear that your injuries didn't need stitches.
早くよくなって、次の試合に出られるといいね。	I hope you get well soon and play in the upcoming game.
次のトーナメントまでに、君が完全に治っていることを祈っています。	I hope you recover fully before the next tournament.
また君がサッカーをしているところを、早く見たいよ。	I can't wait to watch you play soccer again.
あなたがテニスの練習をどんなにしたがっているかはわかるけれど、今は練習を始めるべきじゃないよ。	I know how much you want to practice tennis, but you should not start now.
完全によくなるまで待つべきです。	You should wait until you recover fully.
早くよくなって。みんな寂しがっているよ。君がいないと、つまらないんだ！	Get well soon. We all miss you. We're bored without you here!

▶ 15

励まし

2　災害にあった人へ

そのひどいニュースに悲しくなりました。	I was saddened by the horrible news.
新聞で地震のことを読みました。	I read in the paper about the earthquake.
あなたとあなたのご家族が、無事でいらっしゃることを祈っています。	I hope you and your family are safe.
あなたの家が台風で被害を受けたとのこと、お気の毒に思います。	I'm sorry to hear that your house was damaged by the typhoon.
マリーからあなたの家の1階部分が浸水したと聞きました。	I heard from Marie that the first floor of your house was flooded.
あなたとご家族の方々は、大丈夫なのでしょうか？	Are you and your family doing all right?
あなたの美しいお庭が被害を受けたとのこと、お気の毒に思います。	I was sorry to hear that your beautiful garden was damaged.
火事であなたの家が焼けたと聞き、ショックを受けました。	I was shocked to hear that the fire destroyed your house.
家を失ったことはお気の毒ですが、あなたとあなたのご家族が無事でほっとしました。	I'm sorry about the loss of your house, but I'm relieved that you and your family are OK.
あなたとご家族が無事でよかったです。	I'm glad to hear that you and your family are safe.
必要なものがあれば、遠慮なく知らせてください。	If there is anything you need, please feel free to let me know.

再建がうまくいきますように。	Best luck with the rebuilding.
いつもあなたのことを思っています。	My thoughts are with you.

3 仕事を失った人へ

あなたからの悪いニュース、気の毒に思います。	Sorry to hear of your bad news.
勤務時間がカットされたのは残念ですね。	I'm sorry to hear that they cut your working hours.
他の仕事を見つけることもできるよ。	You can get another job.
山藤病院に応募してみたら？	How about applying for a position at Yamafuji Hospital?
看護婦を募集しているらしいよ。	I hear they are looking for some nurses.
仕事がなくなったのは辛いですね。	I was sorry to hear that you lost your job.
この辛い時期、私はあなたを思っています。	My thoughts are with you at this time of difficulty.
元気を出して！	Keep your chin up!
きっと仕事は見つかるよ。	I'm sure you'll find a job.
仕事を見つけるというのは、ストレスがたまるものです。	Finding a new job can be so stressful.

新しい仕事が早く見つかりますように。	I hope you find a new job soon.
すべてがうまくいくといいですね。	I hope everything works out well.

4　失恋・離婚をした人へ

悲しいニュースを知り、私がどんなにあなたのことを気の毒に思っているかをお伝えしたくて、手紙を書いています。	I'm writing just to let you know how sorry I was to hear your sad news.
ポールと別れたとのこと、気の毒に思います。	I was sorry to hear about your break-up with Paul.
本当にあなたのことを気の毒に思っています。	I'm so sorry for you.
なんと言ったらいいか、言葉が見つかりません。	I don't know what to say…
寂しいことでしょう。	I'm sure you miss him.
離婚なさるつもりだと聞き、ショックです。	I was shocked to hear that you're getting divorced.
離婚なさったとのこと、残念です。	I was saddened to hear of your divorce.
今はつらい時ですね。	I know this is a painful time.
いつでも電話して。	Feel free to call me anytime.

誰かと話がしたいときは、私がここにいるわ。	If you need someone to talk to, I'm here.
この辛い時期を乗り越えられますように。	I wish you all the best in this hard time.
きっといい方向へむかうだろうと信じています。	I'm sure everything will work out for the best.
お子さんの面倒をみるのに助けが必要なときは、知らせてね。	If you need help taking care of your children, let me know.

5 お悔やみ

▶ 15

励まし

お父さまが亡くなられ、とてもお気の毒に思います。	I was very sorry to hear about the death of your father.
心よりお悔やみ申し上げます。	Please accept my sincere condolences.
あなたとあなたのご家族の皆様に、お悔やみ申し上げます。	My condolences to you and your family.
お悔やみ申し上げます。	I'm so sorry to hear of your loss.
何もしてあげられないことはわかっていますが、ただ、私があなたのことを気の毒に思う気持ちをお伝えしようと思いました。	I know that I can't do anything to make you feel better, but I just wanted to let you know I'm so sorry.
彼はすばらしい方でした。	He was a wonderful person.

Chapter 16
依頼

Hi there,

How are you doing?
I hope everything is going well with you.

I'll be traveling in London for a week from October 12, and am looking for a hotel.
Do you know any nice and reasonable hotels?

Hope to hear from you soon.

Nobuhiko

こんにちは

どうしてますか？
何事も順調にいっていることでしょう。

10月12日から1週間、ロンドンを旅行するので、
今、ホテル探しをしています。
どこか手ごろな料金の、いいホテルを知りませんか？

早くお返事をいただけるとうれしいです。

ノブヒコ

1　旅行をしたいとき

10月12日から5日間、ユリと私とでロンドンに滞在します。案内してもらえるかな？

Yuri and I are staying in London for five days from October 12. Could you show us around?

地元の素敵なレストランに行ったり、ちょっと買い物をしたりしたいと思っています。私たちがロンドンに滞在している間に、時間があれば案内してください。

We'd like to go out to some nice local restaurants and do some shopping. Could you show us around if you have any free time during our stay in London?

ストラトフォード・オン・エイヴォンに行きたいと思っています。もしよろしければ、連れて行ってもらえますか？

I want to visit Stratford-on-Avon. If it's OK with you, can you take me there?

キングスホテルからシャーロック・ホームズ博物館まで、どのように行けばいいのか、それからどのくらい時間がかかるのか、教えてください。

Could you tell me how I can get to Sherlock Holmes Museum from the Kings Hotel and how long it takes?

9月にシドニーを旅行します。おもしろい所を教えてください。

I'm traveling to Sydney in September. Please tell me some interesting places.

イタリアに旅行なさったと聞きました。観光についての情報を教えてください。

I hear you traveled to Italy. Please give me some sightseeing information.

ローマの清潔で手ごろな料金のホテルをご存知ですか？

Do you know any clean and reasonable hotels in Rome?

空港の近くのお勧めのホテルを教えてください。

Can you recommend any hotels near the airport?

ローマのいくつかのホテルに連絡をとってみたのですが、どこも空きがないということでした。

I contacted some hotels in Rome, but they had no vacancy.

何がなんでも滞在先を見つけなければ。2週間後には出発だから。

I'm desperately in need of a place to stay. I'm leaving in two weeks.

お願いを聞いてもらえるでしょうか？ あなたの家に1泊させていただけるとありがたいのですが。

May I ask you a favor? I'd appreciate it if I could stay at your house for one night.

無理なら断ってくだされればいいのだけれど、マドリッドに滞在する間、あなたのアパートに泊めてもらえますか？

Please feel free to say "no" if it's too much to ask, but can I stay at your apartment while I'm in Madrid?

去年あなたが滞在なさったコンドミニアムの連絡先を教えてください。

Can you tell me the contact number of the condominium you stayed at last year?

トロントでのホームステイ先を探す方法を教えてください。

Could you tell me how to find a hostfamily in Toronto?

香港に行くので、ホストファミリーを探しています。現地のホームステイについての情報を何かお持ちですか？

I'm going to visit Hong Kong and looking for a hostfamily. Do you have any information on homestay accommodation there?

あなたの助けが必要なのです！ ビクトリア駅から地下鉄で40分以内のところにあるホームステイ先を探すのを手伝ってくれませんか？

I need your help! Can you help me find a place of homestay within 40 minutes by subway from Victoria Station?

▶ 16

依頼

2　買い物を頼みたい

ジェニーが病気で寝ているの。彼女に食べ物や飲み物を少し買って行ってあげられる？　私は今日は買い物をする時間がなさそうなので。

Jenny is sick in bed. Can you go and get some food and drinks for her? I'm afraid that I have no time to do the shopping today.

注文しておいた本が届いているんだけど、本屋まで取りに行けそうにない。代わりに取ってきてもらえないかな？

The book I ordered is ready to pick up, but I'm afraid that I won't be able to go to the bookstore. Can you pick it up for me?

お願いしてもいいでしょうか？　パーティーのためにワインを2, 3本買ってきていただきたいのですが。

May I ask a favor of you? I'd like you to get a few bottles of wine for the party.

金曜日にABCデパートに行くの？　もしよければ、いくつか文房具を買ってきてもらいたいのだけれど。

Are you going to ABC Department Store on Friday? If it's OK with you, please get some stationary.

買い物のリストを送りますね。

I'm sending a shopping list.

引っ越しの前にたくさん買い物をしなければならない。買い物、手伝ってくれますか？

I have to buy so many things before moving. Can you help me with my shopping?

ハーブティーを送ってくれませんか？　このあたりでは、ぜんぜん手に入りません。お金はすぐに送ります。

Can you send me some herbal tea? I can't get any around here. I'll send you the money right away.

ハワイに行くんだって???　マカダミアナッツを買って来てね。

You're traveling to Hawaii??? Please get some macadamia nuts for me.

3　送り迎えを頼みたい

お祭りには行きますか？　私を拾ってもらえるかしら？

Are you going to the festival? Can you pick me up?

もし大丈夫なら、月曜日の朝、ルーシーのアパートまで車で送ってもらいたいんだけど。

If it's OK with you, I'd like you to drive me to Lucy's apartment on Monday morning.

明日、車でジェーンを病院まで送り迎えしてもらえますか？　彼女はとても具合が悪いので。

Will you drive Jane to and from the hospital tomorrow? She is very sick.

トニーが日曜日のお昼頃、東京駅に到着します。10番線のプラットホームまで彼を迎えに行ってあげてください。

Tony will be arriving at Tokyo Station around noon on Sunday. Please pick him up on platform 10.

娘を保育園に迎えに行き、私たちが家に帰宅するまで娘の面倒をみてくれるベビーシッターを探しているのですが。

We're looking for a baby-sitter who can pick my daughter up from nursery school and take care of her at home before we get home.

4　チケットをとりたい

そのロックコンサートに是非行きたいのですが、チケットをとってもらえますか？

I'd love to go to the rock concert. Can you get a ticket for me?

母はロンドンにいる間に、お芝居を観たいと言っています。母のために1枚チケットをとっておいていただけますか？どうやってチケットをとるのか、わからずにいるものですから。	My mother wants to see a play while she stays in London. I'd appreciate it if you could get a ticket for her. She doesn't know how to get one.
格安航空券はどこで買えるか、ご存知ですか？	Do you know where I can get a cheap discount airline ticket?
金曜日か来週の火曜日の野球のチケットを予約してもらえるかな？	Can you reserve a baseball game ticket for Friday or next Tuesday?
お願いがあるのですが、ニューヨーク・メッツのチケットを2枚予約してもらえますか？	May I ask you a favor? Can you reserve two tickets for the New York Mets?
メッツの、ホームゲームのチケットを希望しています。	I'd like some Mets home game tickets.
予約したら、料金を教えてください。できるだけ早くあなたの銀行口座に送金します。	Please let me know how much they cost when you book them. I'll transfer the money to your bank account as soon as possible.

5　何かを貸して欲しいとき

『走れ、ウサギ』を貸してもらえますか？	May I borrow *Rabbit, Run*?
大学の図書館に行ってみたのですが、貸し出し中でした。	I tried my college library, but it's checked out.

どれくらいの間、借りていいのでしょうか？	How long may I borrow it?
今朝はフランス語の授業に出なかったんだ。2, 3日、君のノートを借りてもいいかな？	I missed the French class this morning. Can I borrow your notebook for a few days?
授業中居眠りしちゃって、ノートをとっていないんだ。試験の前に君のノートを貸してくれるかな？	I fell asleep and didn't take notes in class. Can you lend me your notes before the exam?
パーティーをやるのに、君のCDを何枚か貸してもらえるかな？	Can you lend me some of your CDs for the party?
私のビデオカメラが壊れています。息子の運動会があるので、あなたのビデオカメラを貸していただけないでしょうか？	My video camera is broken. I was wondering if you could lend me yours for my son's Sports Day.
コンピュータの調子が悪いのです。電源を入れたとき、デスクトップ画面だけは出るのですが、その他は何も見られません。	Something is wrong with my computer. When I turn it on, I can see only the desktop screen, but nothing else.
キムからあなたがスペアのラップトップコンピュータを持っていると聞いたのですが、それをしばらくの間、貸していただけますでしょうか。	I heard from Kim that you had a spare laptop computer, and I was wondering if you could lend it to me for a while.
もしよろしければ、週末、受け取りに行きます。	If it's OK with you, I'll pick it up on weekend.
今月末までにはお返しします。	I'll return it to you by the end of this month.

▶ 16 依頼

100ドル貸していただけるとありがたいのだけれど。	I'd be grateful to you if you could lend me $100.
現金にちょっと困っているのだけれど。	I'm a bit of short on cash.
今日はあまりにも忙しくて、銀行に行く暇もなかったものだから。	I was too busy to go to the bank today.
仕事の帰りにATMに行ってみたのですが、利用できませんでした。	I tried an ATM on my way home from work, but it was out of service.
他に頼める人がいないので。	There's no one else I can ask.
すぐに返します。	I'll pay you back right away.

6 英語の勉強をしたいとき

英語の勉強をしたいです。	I want to learn English.
英語を上達させたいと思っています。	I'd like to improve my English.
私は高校の英語の教員を目指している大学生です。	I'm a college student studying to be a high school English teacher.
基礎英語を教えてください。	Please teach me basic English.
英語の語彙を増やさなければなりません。	I need to increase my English vocabulary.
英会話を上達させなければなりません。	I need to improve my English conversation skills.

英会話は得意なのですが、文法を学ぶ必要があります。	I'm good at speaking English, but need to work on grammar.
カナダに行く前に、できるだけ英語の勉強をしておきたいと思います。	I want to learn English as much as I can before I visit Canada.
来年カナダに留学するので、英会話を練習しておかなくてはなりません。	I'm going to Canada to study next year, so I need to practice conversational English.
アメリカ文化の授業を受講しています。	I'm taking an American culture course.
英語を練習し、アメリカの文化を学びたいと思っています。	I'd like to practice English and learn about American culture.
英語の勉強をしたいのですが、手伝っていただけますか？	Could you help me learn English?
英文法を習得するのを、手伝ってください。	Please help me learn English grammar.
英語のスピーキングの練習を、手伝っていただけるとありがたいのですが。	I'd be grateful if you could help me practice English speaking.
英語で書いたレポートをチェックしていただきたいのですが。	I'd like you to check my English report.
外国人のクライアントが数名います。ビジネス英語の勉強をしたいのですが、手伝っていただけませんか？	I have some clients from foreign countries. Could you help me learn business English?
英語の家庭教師をしてくださる方を探しています。	I'm looking for an English tutor.

▶ 16

依頼

英語のネイティブの先生に習いたいのですが。	I want to learn from a native English speaker.
週に1度、午後5時か6時からレッスンを受けたいのですが。	I'd like to take lessons once a week from 5 p.m. or 6 p.m.
息子の英語の家庭教師をしてくださる方を探しています。	I'm looking for someone who tutors my son in English.
娘の英語の勉強をみてくださる方を探しています。	I'm looking for a tutor who can help my daughter with her English.
どなたか興味をお持ちの方がいらっしゃったら、お知らせください。	Please let me know if someone is interested.
このあたりの語学学校についての情報を持っていらっしゃいますか？	Do you have any information on language schools around here?
少人数のレッスンを希望します。	I'd like a small group lesson.
プライベートレッスンを希望します。	I'd like a private lesson.

Chapter 17
お知らせ

Dear Rachel,

I've moved to the following address.

3-14-22-101 Kasugacho
Nerima-ku, Tokyo
177-7777

Phone: 03-1234-5678
(My phone number remains unchanged.)

My new place is a ten minute walk from Kasugacho Station. Come and see me soon.

Best wishes,
Maya
Maya

レイチェルへ

下記の住所に引っ越しました。

〒177-7777
東京都練馬区春日町3‒14‒22‒101

電話：03-1234-5678
（電話番号は変わっていません。）

新居は春日町駅から歩いて10分のところです。
近々遊びに来てください。

敬具
マヤ

1 引っ越しのお知らせ

▶引っ越すつもりです

引っ越そうかと思っています。	I'm thinking of moving.
4月に契約が切れてしまいます。	The contract will run out in April.
契約を更新することもできるのですが、どこか他のところに住みたいと思っています。	I can renew the contract, but I want to live somewhere else.
4月の末までに住むところを見つけなくてはいけません。	I have to find a place to live by the end of April.
家賃が高いのです。	The rent is too high.
もっと安いアパートを探しているところです。	I'm looking for a cheaper apartment.
ベランダがついていないのです。	My apartment has no balcony.
通りに近いので、うるさいです。	My apartment is noisy because it's near the street.
静かなところに引っ越したいです。	I want to move to a quiet area.
私のアパートは会社まで遠いです。	My apartment is far from my office.
近いうちに、どこか会社の近くへ引っ越します。	I'm moving somewhere near my office soon.
私たちのアパートは古くて狭いのです。	Our apartment is old and small.

赤ちゃんが生まれる前に、もっと広いアパートへ引っ越すつもりです。	We are planning to move to a more spacious apartment before we have a baby.
いろいろと手伝ってあげられるように、両親の家の近くに引っ越そうかと思っています。	We are thinking of moving somewhere near my parents' house so that we can help my parents with things.
東京で家を買う計画を立てています。	We're planning to buy a house in Tokyo.
近い内に神奈川に引っ越すつもりでいます。	I'm planning to move to Kanagawa soon.
来月、仙台に引っ越します。	I'm moving to Sendai next month.
仕事の都合で、大阪に引っ越すことになりました。	I'm moving to Osaka because of my work.
まだ住むところは決まっていないのですが、4月には引っ越すつもりです。	I'm going to move in April although I haven't found a place to live yet.
住むところを探しているところです。	I'm looking for a place to live.
この時期に住むところを探すというのは、とても大変です。	It's very hard to find a place to live at this time of year.
早くいいところが見つかるといいのですが。	I hope I can find a good place soon.
寮に入ることになるでしょう。	I'll live in the dormitory.
住むところが決まったら、新しい住所をすぐにお知らせしますね。	I'll let you know my new address as soon as I can find a place to live.

▶ 17

お知らせ

▶決まりました

住むところを見つけました！	I've found a new place to live!
いいところが見つかってうれしいです。	I'm very happy that I could find a nice place to live.
会社から歩いて15分という場所で、新築のアパートを見つけました！	I found a brand-new apartment which is a 15 minute walk from my office!
私の叔父がそこを見つけてくれました。	My uncle found the place for me.
ついに家を買いました！	We bought a house at last!
今度のところは前のところよりも広々としています。	My new place is more spacious.
そのアパートは前のアパートよりも少し狭いけれど、新しくて、明るく、日当たりがいいです。	The apartment is a little bit smaller, but it's new, bright, and sunny.
来月は引っ越しがあるので、忙しくなりそうです。	I'll be busy with moving next month.
荷造りに追われています。	I'm busy doing the packing.
すべての荷造りを業者にやってもらうことにしました。	We're using full-packing service.
新しい家に引っ越すのは8月28日です。	We're moving into the new house on August 28.
申し訳ないのですが、しばらくはメールが出せません。	I'm very sorry, but I won't be able to send an e-mail for a while.

できるだけ早く、またご連絡するようにします。

I'll get back to you as soon as possible.

すぐに新しい住所を送ります。

I'll send you my new address soon.

引っ越し先がわかり次第、住所をお知らせします。

I'll let you know my new address as soon as I find a new place.

10月1日より住所と電話番号が以下のように変更となります。

My address and phone number will be as follows as of October 1.

住所は変わりますが、電話番号は変わりません。

My address will be changed, but my phone number will remain unchanged.

▶新住所です

新住所のご連絡です。

I'm writing to notify you of my new address.

新住所は次の通りです。

My new address will follow.

住所と電話番号が変わりました。

My address and phone number have been changed.

新住所と連絡先は以下の通りです。

My new address and contact numbers are as follows.

アドレス帳に私の新住所を付け加えていただきますように。

Please add my new address to your address book.

メールアドレスと携帯電話番号は前のままです。

My e-mail address and cell phone number remain the same.

引っ越しました！

I've moved!

今月初旬に、こちら広島へ引っ越してきました。	I moved here in Hiroshima early this month.
先週、新しい家に引っ越してきました。	We moved into a new house last week.
やっと落ち着いてきました。	We've just settled in.
娘にも新しい友達ができ、学校生活を楽しんでいます。	My daughter has made some new friends, and enjoys her school life.
新しい家に遊びにきてね。	Come and see my new place.
是非新居へお立ち寄りください！	Please do visit our new house!
機会があれば、お立ち寄りください。	Please visit us if you get the chance.

2 病気・けがの回復

病気から回復しました。	I've recovered from my illness.
先週は夜寝るのも辛かったのですが、今は気分もよくなり、よく眠れます。	I had difficulties sleeping at night last week, but now I feel better and sleep well.
まだ少し頭痛はしますが、熱は下がりました。	My fever went down although I still have a slight headache.
風邪が治りました。	I got rid of my cold.

また風邪をひかないように気をつけなければなりません。	I have to be careful not to catch another cold.
1日に2,3回はうがいをするようにしています。	I try to gargle a few times a day.
花粉症の季節が過ぎて、うれしいです。	I'm glad that the hay fever season is over.
お医者さんを紹介してくれてありがとう。ずいぶんよくなりました。	Thank you for introducing the doctor to me. I'm getting much better.
しばらく連絡しなくてごめんね。先月は入院していたの。	Sorry for not contacting you for a while. I was in the hospital last month.
先日は病院にお見舞いに来てくれてありがとう。おととい退院しました！	Thank you for coming to see me at the hospital the other day. I left it two days ago!
赤ん坊の中耳炎がやっと治りました。	My baby has finally recovered from his inner ear infection.
治るのに3週間かかりました。	It took him three weeks to recover.
赤ん坊を1日おきに医者のところへ連れて行くのは、本当に大変でした。	Taking my baby to the doctor every other day was a really hard job.
もう医者に行かなくてもよくなったので、うれしいです。	I'm glad that I don't need to take him to the doctor any more.
娘のことではご心配をおかけしました。娘は昨日、退院できました。	Thank you for your concern about my daughter. She left the hospital yesterday.

彼女はあと1週間学校を休まなければならないでしょうが、ずいぶん回復しています。	She is much better now although she should stay home from school for another week.
2, 3日したら仕事に復帰します。	I'll be back to work in a few days.
背中の痛みが治まりました。	The back pain went away.
医者の話では、母は1週間で退院できるだろうということでした。	The doctor said that my mother would be able to leave the hospital in a week.
母は歩行練習を始めています。	She started practicing walking.

3 試験に合格

やった！運転免許取得試験に合格しました。	I did it! I passed my driving test.
運転免許、とれました！	I've got a driver's license!
いいお知らせです。入学試験に合格しました！	I'm writing to tell you some good news; I passed the entrance exam!
ハワイ大学に合格しました。	I got accepted to Hawaii University.
信じられないかもしれないけれど、全部の試験に合格したのよ！	You won't believe it, but I passed all the exams!
昨日、期末試験の結果を受け取りました。	I got the result of my finals yesterday.

学期末試験に合格しました。役に立つ本を貸してくれてありがとう。	I passed my finals. Thank you for lending me those useful books.
フランス語は落としちゃうんじゃないかと思っていたけれど、Cがとれたよ。	I thought I was going to fail French, but I got a C.
2回も数学を落としたんだけれど、やっと合格できました。	I failed math twice, but finally I could pass it.
自分でも信じられないんだけれど、物理学のテストはAがとれたんですよ。	I can't believe it, but I got an A in the physics test.
数学を教えてくれてありがとう。満点だったよ。	Thank you for teaching me math. I got a perfect score.
TOEICのテストで思っていたよりも高い得点がとれました。	I got a higher score in the TOEIC test than I had expected.
私は数学は得意ではないのですが、なんとか試験に合格することができました。	I'm not good at mathematics, but I could manage to pass the exam.
中間試験ではいい点数がとれました。	I got good marks in the mid-term exams.

4　テストの失敗

テストが難しすぎました。	The test was too difficult.
一生懸命勉強したけれど、中国語は不合格でした。	I studied hard, but failed Chinese.

十分な単位がとれませんでした。	I couldn't get enough credits.
悪いニュース…、留年しなければなりません。	Bad news... I have to repeat the year.
科学で悪い点をとってしまいました。	I got a bad score in science.
Aがとれる自信があったのですが、実際はCでした。	I was sure that I could get an A, but actually I got a C.
出席が悪く、政治学はダメでした。	I failed politics because of my poor attendance.
ノートを何度も何度も見直していたのに、うまくできませんでした。	I couldn't do well although I reviewed my notes over and over again.
第一志望の大学に落ちました。	I failed the entrance exam to the university of my first choice.
入学試験、すべてダメでした。	I failed all the entrance exams.
来年もう一度挑戦します。	I'll try again next year.

5 就職

いいニュースです！仕事が見つかりました。	Good news! I've found a job.
やっと仕事が見つかりました！	I've found a job at last!
先月からウェイターとして働いています。	I started working as a waiter last month.

仲のいい友達も何人かできました。	I've made some good friends.
料理長のアシスタントとして働くのはどうかと言われました。	I was offered the position as an assistant chef.
大手銀行に就職が決まりました。	I've got a position at a major bank.
今度の仕事の一番いいところは、あまり出張がないことです。	The best part of my new job is that it doesn't include a lot of travel.
今度の会社はフレックス制です。	My new company has flextime.
午前中に病院へ行き、昼頃から仕事を始めることもできます。	I can go to see a doctor in the morning, and start work around noon.

6 昇進・転勤

来月から営業部長になります。	I'll become Sales Manager next month.
約30人の部下を持つことになります。	I'll have about 30 other workers under me.
人事部の責任者となります。	I'll be responsible for the Personnel Department.
昇進しましたことをお知らせします。	I'm happy to inform you that I've been promoted.

横浜支社の部長補佐に昇進しました。	I've been promoted to Assistant Manager in our Yokohama office.
昇給しました。	I got a raise.
来月から会計を担当することになりましたので、ご連絡まで。	Just to let you know that I'll be in charge of accounting from next month.
他の町へ転勤になるかもしれません。	I may be transferred to another city.
他の店に異動させてほしいと上司に頼みました。	I asked my boss to be transferred to another shop.
札幌支社に転勤となりました。	I've been transferred to our Sapporo office.
札幌に住めるので、わくわくしています。	I'm excited about living in Sapporo.
東京内の別の支社に転勤となりました。	I've been transferred to another branch in Tokyo.
今度の支社までの通勤時間は、今までよりも30分長くかかります。	It takes half an hour longer to commute to my new office.
新しい同僚と楽しくやっています。	I'm happy with my new colleagues.

7　婚約・結婚

うれしいニュースです‼ 私たち、婚約しました！	Happy news!! We're engaged!
昨日、彼に「結婚してくれる？」と聞かれ、「イエス」と答えました。	Yesterday he asked me, "Will you marry me?" and I said, "Yes."
2週間前に婚約しました。	We've been engaged for a couple of weeks.
彼は思いやりがあり、支えになってくれる人です。	He is a caring and supportive man.
彼女は情が厚く、知的です。	She is compassionate and intelligent.
ついに結婚します！	We're finally getting married!
2年間の交際を経て、結婚することになりました。	After 2 years together, we're getting married.
新居を探すので、忙しくなりそうです。	We'll be busy looking for our new place.
秋に結婚します。	We're getting married in the fall.
新婚旅行の計画を立てているところです。	We're planning our honeymoon.
私はヨーロッパに行きたいのだけれど、彼は中国に行きたいと言っています。	I want to go to Europe, but he wants to go to China.

▶ 17
お知らせ

挙式の場所を探しているところです。	We're looking for a place for our wedding.
披露宴の会場はまだ決めていません。	We haven't set a place to have a reception.
日取りと時間が決まりました。	We've set a date and time.
セント・マーガレット教会で挙式を行います。	Our wedding will take place at St. Margaret Church.
2004年4月19日午後3時より東京のセント・マーガレット教会で挙式を行います。	We'll be getting married at St. Margaret Church in Tokyo, on April 19, 2004, at 3 p.m.
招待状はすべて送りました。	We've sent all the invitations.
招待客のほとんど全員の方から、すでにお返事をいただいています。	We've already heard from almost all of our guests.
1ヶ月後に結婚をひかえ、私たちはわくわくしながらも、ちょっと緊張してきました。	We're getting married in a month, and so we're getting excited and a little bit nervous.

8　出産・子供の成長

赤ちゃんが生まれます！	We're having a baby!
赤ちゃんができたことがわかりました。	We found out that we are having a baby.
7月に赤ちゃんが生まれます。	We're having a baby in July.

赤ちゃんが動くのを感じると幸せな気分になります。	I'm happy when I feel the baby moving.
赤ちゃんが生まれました！	We had our baby!
男の子でした！ 名前をつけたらすぐに知らせます。	It's a boy! We'll let you know as soon as we name him.
2004年2月24日、火曜日に誕生しました。	He was born on Tuesday, February 24, 2004.
赤ちゃんは体重3200g、身長50cmで生まれました。	Our baby weighed in at 3,200g and was 50cm long.
赤ちゃんが元気なので喜んでいます。	We are happy to find that she is healthy.
2004年8月21日、ルーシー・オースティンを無事出産しましたことを、ご報告します。	We're pleased to announce the safe arrival of Lucy Austen on August 21, 2004.
名前はアイです。	Her name is Ai.
アイは日本語で「愛」を意味します。	Ai means "love" in Japanese.
アイと妻は、明日退院します。	Ai and her mother are leaving the hospital tomorrow.
彼女の写真を同封します。	We're sending a picture of her.
生後2週間目に撮ったものです。	It was taken when she was 2 weeks old.
ほんの数秒だけれど、一人で座れます。	She can sit on her own just for a few seconds.

歩き始めました！

こんなにも赤ちゃんの存在が、私を幸せで、喜びいっぱいにしてくれるなんて知りませんでした。

She started walking!

I didn't know a baby could make me so happy and joyous.

Chapter 18
季節のことば

Hi there,

Sorry that I didn't contact you sooner.

It's getting much cooler, isn't it?
I've started to wearing my coat.
I may wear it too much, but I don't want to catch a cold.

I can make it on Friday.
See you then.

Mayumi

こんにちは

連絡が遅くなって、ごめんなさい。

ずいぶん寒くなってきましたね。
私はコートを着始めました。
厚着かもしれないけれど、風邪をひきたくはないからね。

金曜日は大丈夫です。
では、その時に。

マユミ

1 クリスマス・お正月

メリークリスマス！	Merry Christmas!
メリークリスマス。	I wish you a merry Christmas.
メリークリスマス、そして新年おめでとう！	Merry Christmas and Happy New Year!
クリスマスにはご実家に帰るんですってね。あなたとあなたのご家族が楽しいクリスマスをお過ごしになりますように。	I hear you're going home for Christmas. I hope you and your family have a merry Christmas.
楽しいクリスマスをお過ごしになったことと思います。	I hope you had a merry Christmas.
季節のごあいさつです。	Season greetings to you.
楽しいクリスマスと新年の幸せをお祈りします！	Wishing you a very merry Christmas and a very happy new year!
あけましておめでとう。	Happy New Year!
あけましておめでとう。	Wishing you a happy new year!
楽しいお正月をお過ごしになりますように。	I hope you have a happy new year.
新年のご多幸をお祈りします。	Wishing you every happiness in the new year.
今年は運転免許を取得したいと思っています。	My goal this year is to get a driver's license.

今年はゴルフを始めたいなと思っています。	I'm thinking of taking up golf this year.
今年こそはダイエットを成功させたいです！	I hope to succeed in losing weight this year!
今年の抱負は何ですか？	What are your plans for this year?

2 春

まだこちらは肌寒いのですが、2, 3週間もすればだんだん暖かくなっていくと思います。	It's cool here, but it will start getting warm in a few weeks.
春がもうすぐそこまで来ています。	Spring is just around the corner.
日がだんだん長くなってきています。	The days are getting longer and longer.
暖かくはなってきましたが、まだ夜は冷え込む日もあります。	It's getting warmer, but it's still sometimes cold in the evenings.
こちら九州はもう春です。	Spring is here in Kyushu.
桜が咲き始めました。	Cherry blossoms are starting to bloom.
桜が満開です。	Cherry blossoms are in full bloom.
昨日は上野公園でお花見を楽しみました。	We enjoyed cherry-blossom-viewing at Ueno Park yesterday.

季節のことば

私は暖かくて天気のよい、この季節が好きです。	I like this warm and sunny season.
ピクニックには最高の季節です。	It's the best season for a picnic.
日本では学校が４月に始まります。	The school year starts in April in Japan.
新しいクラスで何人かの友達ができました。	I've made some friends in my new class.

3　梅雨

じめじめした日々が続いています。	The wet days are here.
３日間も雨が降り続いています。	It has been raining for three days.
今日はほとんど１日、雨が降っていました。	It rained most of the day today.
こういう天気は嫌なものです。	I don't like this weather.
夏が待ち遠しいです！	I can't wait for the summer!
今年は少ししか雨が降りませんでした。	We had only a little rain this year.

4 夏

海で泳ぐのが楽しそうなくらい、暑くなってきています。	It's getting hot enough to enjoy swimming in the sea.
カナダのお天気はどうですか？ こちらはとても蒸し暑いです。	What is the weather like in Canada? It's very hot and humid here.
今日は本当に暑かった。4回もシャワーを浴びたよ。	It was really hot today. I took a shower four times.
こちらの夏は私にはこたえます。	The summers here are hard for me.
最近はよく、にわか雨が降ります。	We often have rain showers these days.
昨日は帰宅途中で、夕立にあいました。	I got caught in a shower on my way home yesterday.
昨日は大型台風が近くまで来ていたのですが、特に大きな被害はありませんでした。	Yesterday a big typhoon came near us, but there was no serious damage.
今年の夏はいつもの夏とは違います。	This summer has not been a usual summer.
例年よりずいぶん気温の低い日が続いています。	It has been much cooler than usual.
夏のご計画は？	What are your plans for the summer?
この夏は旅行なさるんですか？	Are you traveling this summer?

季節のことば

今年の夏は友達が泊まりに来ます。	We're having friends stay with us this summer.
8月にテニスの夏合宿に参加するつもりです。	I'm going to take part in summer tennis training camp in August.
合宿から戻ってきたら連絡するね。	I'll contact you when I come back from camp.
夏のアルバイトが決まった！地元のプールで働くんだ。	I've got a summer job! I'm working at a local swimming pool.
よい夏休みを。	Have a nice summer vacation.

5 秋

夏が終わり、新学期が始まりました。	Summer is over and I'm back to school.
休暇はいかがでしたか？	How was your vacation?
いかにも秋らしくなってきています。	It really looks like fall now.
秋がやってきています。	Fall is approaching.
秋がやってきました。	Fall has arrived.
こちら東京は、涼しく快適です。	It's cool and comfortable here in Tokyo.
大学の運動会が10月に行われます。	We have a Sports Day at college in October.

この間の日曜日は、姪の小学校の運動会を見に行きました。	We went to see our niece's primary school to watch the Sports Day events last Sunday.
私の大好きな季節です。	It's my favorite season.
木々が黄色や赤に紅葉しています。	The leaves have changed yellow and red.
先週から気温が下がってきました。	The weather has cooled since last week.
ずいぶん日が暮れるのが早くなってきました。	It has started to get dark much earlier.
こちらは5時ごろには暗くなります。	It gets dark around five here.
暗いうちに出勤して、暗くなってから帰ってくるのは嫌なものです。	I don't like going to work in the dark and coming back in the dark.

6 冬

冬になってきました。	Winter is beginning to set in.
ヒーターを入れなければならなくなってきました。	We've had to put the heating on.
スキーの季節です。	It's the time for skiing.
先日、初雪が降りました。	We had the first snow of the season the other day.

こちらは雪が降っています。子供たちは雪だるまを作ると言って大騒ぎです。	It's snowing here. My children are excited about making a snowman.
こちらでは雪は1年にほんの数回降る程度です。	We have snow only a few times a year.
こちらでは冬はとても寒くなることがあります。	The winters here can get very cold.
マルセイユでは雪は降りますか？	Do you have snow in Marseille?
今月は大掃除もしなければならないし、お正月の買い物も済ませなければなりません。	We have to clean our whole house and get our New Year shopping done this month.
私たちは習慣として、春ではなく、年末に掃除をします。	Customarily, we clean our whole house at the end of year instead of spring.
クリスマス休暇はどのくらいあるのですか？	How long is your Christmas holiday?
昨日、クリスマスパーティーをしました。	We had a Christmas party yesterday.
正月には大阪の実家に1週間帰省します。	We're going home to Osaka for a week for New Year's.
今年の正月休みはたった5日間しかとれません。	My New Year holiday this year is only five days long.

Chapter 19
日本について

Dear David,

Thank you for your kind letter.

It's really difficult to get a job here due to the recession.
I've already had interviews with almost 10 companies,
but failed all of them.

Let me know if you have any information.

Your friend,
Tetsuya
Tetsuya

ディビッドへ

心温まる手紙をありがとう。

こちらは不況で、就職が本当に大変です。
僕はすでに 10 社ほどの面接を受けたけれど、全部落ちてしまったよ。

何か情報があったら、教えてください。

敬具
テツヤ

1 生活習慣

日本では、家の中では靴を履きません。

We don't wear shoes inside houses in Japan.

玄関の入り口で靴からスリッパに履き替えるのが一般的です。

It's common that people change their shoes into slippers in the entrance hall.

風呂に入るのは、たいてい夜です。

People usually take a bath in the evening.

朝、入浴するのが好きな人もいます。

Some people like to take a bath in the morning.

布団というのは聞いたことがありますか？

Have you heard of futon?

日本では、多くの人が今でも布団を使っています。

Many people still use futon in Japan.

両親は布団を使っていますが、私はベッドを使っています。

My parents use futon, but I use my bed.

アメリカでも布団を使い始めている人が、少しいると聞いています。

I hear that a few people have started to use futon in America.

布団は、たたんで押入れに収納できるので、スペースが無駄になりません。

Futon is space saving as it can be folded up and put in the closet.

2 スポーツ

相撲は日本の国技です。	Sumo is the national sport of Japan.
相撲をする外国人が増えてきています。	More and more foreigners do sumo.
テレビで相撲を見たことがありますか？	Have you ever seen sumo on TV?
サッカーや野球の人気が高まっていますが、相撲もいまだに人気があります。	Soccer and baseball are becoming more and more popular, but still sumo is very popular, too.
相撲はまた、外国でも人気が出てきています。	Sumo is also becoming popular in foreign countries.
ほとんど全員の力士が100kg以上あります。	Almost all the sumo wrestlers weigh over 100kg.
相撲をとる選手のことを、日本語では力士と呼びます。	Sumo wrestlers are called rikishi in Japanese.
日本のプロ野球はとても人気があります。	Japanese professional baseball is very popular.
何人かの日本人がアメリカのメジャーリーグでプレーしているので、メジャーリーグに興味を持つ人が増えてきています。	Some Japanese play in the American major league, making more and more Japanese people interested in it.

イチローと松井は非常に人気があり、毎日のように彼らのニュースが入ってきます。	Ichiro and Matsui are quite popular, and we hear news about them almost every day.
日本の多くの選手が、アメリカンメジャーリーグに入りたいと思っています。	Many Japanese players wish to join the American major league.
有名な日本人プレーヤーの中には、年俸数億円という選手もいます。	Some famous Japanese players earn several hundred million yen a year.
ベッカムはこちらではとても人気があります。	Beckham is very popular here.
オーストラリアでは、野球とサッカーのどちらの方が人気がありますか？	Which is more popular in Australia, baseball or soccer?
バスケットボールは、こちらではアメリカほどの人気はありません。	Basketball is not so popular here as in the US.
スイミングは中高年の方に人気があります。	Swimming is popular with middle-aged and old people.
体調維持のためにウォーキングをする中高年が増えています。	More and more middle-aged and old people take up walking in order to stay in shape.
ジムで運動をする人もいます。	Some people get exercise in a gym.
以前に比べると、ジムはずいぶん安くなりました。	Gyms are much cheaper than before.

3 映画

ハリウッド映画は日本でとても人気があります。	Hollywood movies are very popular in Japan.
映画のチケットの値段は、日本では14ドルくらいです。	The price of a movie ticket is around $14 in Japan.
高いと思いませんか？	Don't you think it's expensive?
映画のチケットはプレイガイドと同様に、コンビニエンスストアでも買うことができます。	You can get movie tickets at convenience stores as well as box offices.
映画館に行くより、家でビデオを見るほうがいいという人もいます。	Some people prefer to watch videos at home instead of going to the movies.
都会では特に、シネコンプレックスが増えています。	The number of cinecomplexes is increasing especially in big cities.
北野たけしは世界的に有名です。	Takeshi Kitano is famous worldwide.
アニメ映画はたいてい、学校の長期休暇のときにリリースされます。	Animated movies are usually released during school vacations.
「ポケットモンスター」は最も人気のある日本のアニメ映画の1つです。	"Pocket Monsters" is one of the most popular Japanese animated movies.
毎週テレビでも放映されています。	It is also on TV every week.
宮崎駿監督のアニメ映画は、いつもロングラン上映になります。	Animated movies made by Hayao Miyazaki are always long runs.
子供だけでなく、大人にも人気があります。	They are popular not only with children but also with adults.

4 音楽

多くの若者は洋楽を聴くのが好きです。
Many young people like to listen to music from foreign countries.

ロックミュージックやポップミュージックは大変人気があります。
Rock music and pop music are very popular.

浜崎あゆみは、日本で最も人気のあるシンガーの1人です。
Ayumi Hamasaki is one of the most popular Japanese singers.

BoAは韓国出身の人気のあるシンガーです。
BoA is a popular singer from Korea.

テレビの音楽番組は減ってしまいました。
The number of TV music programs has decreased.

自分の好きなCDを聴くほうがいいと考えるからだと思います。
I think this is because people prefer listening to their favorite CDs instead.

若い人たちが電車の中で、ウォークマンで音楽を聴いているのは、よく見かける光景です。
It's a common sight to see young people listening to music with a Walkman on trains.

演歌は日本の伝統的なポピュラーミュージックの一種です。
"Enka" is a kind of traditional Japanese pop music.

演歌は年配の人たちに人気があります。
"Enka" is popular with older people.

演歌歌手は、たいていステージに立つときは着物を着ています。
"Enka" singers usually wear kimono on stages.

カラオケで歌うのが好きな人はたくさんいます。
Many people like to sing karaoke.

カラオケボックスというのは、カラオケで歌って楽しめる有料の部屋です。	A karaoke box is a rented room where you can enjoy singing karaoke.
ドイツにもカラオケボックスはありますか？	Do you have karaoke boxes in Germany?

5 子供の生活

スイミングは子供たちに人気があります。	Swimming is popular with children.
多くの親たちが子供をスイミング教室に通わせたいと思っています。	Many parents want their children to take swimming lessons.
子供たちがほんの2, 3歳の頃からスイミング教室に通わせ始める親もいます。	Some parents start taking their children to swimming lessons when they are only 2 or 3 years old.
多くの女の子たちがピアノを習っています。	Many girls take piano lessons.
男の子達は、野球やサッカーをするのが好きです。	Many boys like to play soccer or baseball.
多くの男の子達が、学校や地元のチームに参加して野球をやっています。	Many boys play baseball for their school teams or local teams.
Jリーグ発足以来、サッカーをやる子供たちが増えてきています。	The number of children who play soccer has been increasing since J-league was established.
その一方で、今の子供たちは以前に比べると、あまり外で遊ばなくなったと言われています。	On the other hand, they say children today play outside less than before.

その理由の１つには、子供たちは塾で忙しいということがあります。

One of the reasons is that children are busy with their cram schools.

多くの子供たちが学校が終わってから、塾に行きます。

Many children go to cram schools after school.

かなり遅くになってから、塾から帰宅する子供もいます。

Some children come home from cram school very late.

あまりにも遅く帰宅するために、ひどい食生活になってしまう子供もいます。

Some children get bad eating habits because they come home too late.

ゲームボーイは子供たちにとても人気があります。

Gameboy is very popular among children.

ゲームボーイをして何時間も過ごす子供たちもいます。

Some children spend several hours playing Gameboy.

6 保育・教育制度

保育園は０歳から５歳までの子供たちのためのものです。

Nursery schools are for children of 0-5 years old.

これは、仕事に復帰する母親たちのためのシステムです。

This is a system for mothers who go back to work.

朝は私の夫が出勤途中に娘を保育園に連れて行き、夜は私が仕事から帰る途中に娘を連れて帰ります。

In the morning my husband drops off our daughter at nursery school on his way to work, and in the evening I pick her up on my way home from work.

3歳から5歳の子供たちは幼稚園に通うことができます。	Children of 3-5 can go to kindergarten.
子供たちは6歳になると、小学校へ入学します。	Children enter elementary school when they are six years old.
小学校は6歳から12歳までの子供たちが通うところです。	Elementary school is for children of 6-12.
子供たちは12歳で中学校に入り、3年間通います。	Children enter junior high school at 12 years old for three years.
ほとんどの学生が高校に進学し、3年間通います。	Most students go on to high school for three years.
日本では、小学校と中学校が義務教育です。	In Japan, elementary school and junior high school are compulsory.
卒業後、就職する学生もいますが、多くの学生が大学に進学します。	After graduation, some students get a job, but many students go on to college.
専門学校に行く学生もいます。	Some students go to vocational school.

7 不況

70年代、80年代の日本では経済の成長は続いていました。	Japan enjoyed continued economic growth in the 70s and 80s.
90年代にバブルがはじけました。	The bubble burst in the 90s.
それ以来、日本はまだ不況から回復していません。	Japan has not recovered from the recession since then.

多くの小規模な会社が倒産しました。	Many small companies went bankrupt.
大手の会社でさえも倒産したり、他の会社と合併したりしました。	Even some major companies went bankrupt or were merged into other companies.
多くの人が職を失いました。	Many people lost their jobs.
大学生は就職に苦労しています。	University students are having difficulty finding jobs.
定職につけない若者の数が増えています。	The number of young people who can't find a regular job is increasing.
こういう経済状況で、昇給はなかなか望めません。	It's difficult to get a raise in this economic condition.
多くの会社が社員の給料をカットしようとしています。	Many companies are trying to cut their employees' pay.
経済状況は少しずつ回復してきているという人もいます。	Some people say that the economic situation is recovering little by little.
景気回復には、まだしばらくかかるだろうという人もいます。	Some people say it will take some time to recover from the recession.

Chapter 20
ペンパル募集

Hello!!

I'm Keiko.
I'm a 28-years-old woman from Japan.
I work as an interior designer.

I like cooking, traveling, and watching baseball games.

I'd like pen pals from anywhere in the world.
Please write me soon!

Keiko

こんにちは！

ケイコと言います。
日本の28歳の女性です。
インテリアデザイナーとして働いています。

好きなことは、料理、旅行、野球観戦。

世界中どこの方とでも、文通をしたいと思っています。
すぐにお手紙を書いてくださいね！

ケイコ

1 ペンパルを募集する

▶初めてのあいさつ

皆さん、こんにちは！	Hello friends!
ペンフレンドの皆さん、こんにちは！	Hello, pen pals!
皆さん、こんにちは！	Hi, everyone!
皆さん、こんにちは!!	Hello, all!!
こんにちは！ 私の名前はミキです。	Hello! My name is Miki.
こんにちは！ 私は横浜に住む34歳の男性、銀行員です。	Hello! I'm a 34-year-old male banker living in Yokohama.
こんにちは！ 私は19歳の女性、医学生です。	Hello! I'm a 19-year-old female medical student.
こんにちは！ 私は38歳の女性で、結婚しています。	Hello! I'm a 38-year-old married woman.
こんにちは。私は25歳、独身です。	Hi, I'm 25 year old and single.
こんにちは！ 私は日本の学生です。	Hello! I'm a student from Japan.

▶ペンフレンドを募集しています

新しくペンフレンドになってくださる方を探しています。	I'm looking for new pen pals.
ペンフレンドを募集しています。どこの国の方でもOKです。	I'd like pen friends from any country.

スペインの女性の方で、ペンフレンドになってくださる方を探しています。	I'm looking for female pen pals from Spain.
アジアの方（できれば女性の方）と、音楽やファッション、スポーツ、その他あなたの興味のあることについておしゃべりを楽しみたいです。	I'd like to enjoy chatting with people (preferably females) from Asian countries about music, fashion, sports and anything you are interested in.
最低でも週に1度はおしゃべりできるメール友達が欲しいです。	I'd like some pen pals who I could talk with at least once a week.
私の中国語の手伝いをしてくれるペンパルを募集しています。	I'd like a pen pal who could help me with my Chinese.
フランスの方と、フランス語か英語で文通をしたいと思っています。	I'd like to correspond with anyone from France in either French or English.
学校でフランス語を習っています。どなたかフランス語の勉強を手伝ってくれませんか？	I'm learning French in school. Could anyone help me with my French?
違った文化を持つ方と文通をしたいと思っています。	I'd like to correspond with anyone with a different culture.
私は時々仕事で香港に行くので、香港の方とお友達になりたいです。	I sometimes travel to Hong Kong on business and would like to have friends from Hong Kong.
同年代の方と友達になりたいです。	I'd like to make friends with anyone about my age.
20歳から40歳くらいの方を希望します。	I prefer ages 20-40.

▶ 20 ペンパル募集

いろんな国の料理に挑戦してみたいと思っています。どなたか一緒にレシピを分かち合いませんか？	I'd love to try out new recipes from other countries. Does anyone want to share new recipes with me?
クラシックに興味のある方とメール交換したいと思っています。	I'd like to exchange e-mails with anyone who likes classical music.
サッカーに興味がある方、メールください。	If you're interested in soccer, e-mail me.
イチローのファンの方と文通したいです。	I'd like to correspond with Ichiro fans.
何か1つでも私と同じものに興味があれば、お手紙をください。	If you share any of my interests, please write to me.
武道に興味があったら、お知らせください。	If you're interested in martial arts, let me know.
日本語か英語でお手紙ください。	Please write me in either English or Japanese.
手紙でもメールでも結構です。	Snail mail or e-mail is fine.
手紙の方がいいです。	I prefer snail mail.
お手紙をいただける方がいいです。	I prefer to get letters.
すべてのお手紙にお返事することを約束します。	I promise to answer all letters.
メールをください。絶対お返事します。	Please e-mail me. I'll definitely get back to you.

2　ペンパル募集のコーナーで見つけた人へ

Dear Lisa,

I found your name in one of the pen pal sections.
You seemed like a nice person, so I decided to write you.

I enjoy cooking, traveling, and watching baseball games.
What is your hobby?

Please write soon.

Best wishes,
Keiko
Keiko

リサへ

あなたのお名前をペンパルコーナーで見つけました。
よい方のようだったので、あなたに手紙を書くことにしました。

私は料理、旅行、野球観戦が好きです。
あなたの趣味は何ですか？

早めにお手紙をください。

敬具
ケイコ

▶ お名前を見つけました

雑誌であなたのお名前を見つけました。	I found your name in a magazine.

ネット上であなたのメッセージを読みました。	I read your message on the website.
あなたが出していらっしゃるアドバタイズメントに興味を持ちました。	I'm interested in your ad.
あなたの楽しいメッセージが気に入りました。	I like your fun message.
ネットサーフィンをしていて、あなたのホームページを見つけました。	I was surfing the Internet and found your website.
あなたのきれいなホームページに本当に感動しました。	I was really impressed by your beautiful website.
このウエブサイトであなたのプロフィールを読み、あなたに手紙を書こうと思いました。	I saw your profile on this website, and thought I would write you.
よい人のようだったので、あなたに手紙を書こうと思いました。	You seem to be a good person, and I decided to write you.

▶ペンフレンドになりたいです

是非あなたのペンフレンドになりたいです。	I'd very much like to be your pen pal.
私もサッカーが好きなので、是非あなたと文通したいです。	I also like soccer, and I'd love to correspond with you.
いくつか共通の趣味があるので、おしゃべりが楽しめると思います。	I think we can enjoy talking because we have some interests in common.
私は28歳です。私たちは年が近いし、いい友達になれると思います。	I'm 28. We are of similar age, and I think we can be good friends.

きっといいペンフレンドになれると思います。	I'm sure we can be good pen pals.
ローマには2,3度行ったことがあったので、イタリアの方と文通をしたいと思っていました。	I've been to Rome a few times, and I was looking for a pen pal from Italy.
私たちの文化についてお話したいと思います。	I want to talk about our cultures.
日本語を習っていらっしゃるんですね。私はあなたの日本語の上達をお手伝いできますよ。	You're learning Japanese. I can help you improve your Japanese.
あなたにスペイン語を習いたいです。私の方は、代わりに日本語を教えられます。	I want to learn Spanish from you. In return, I can teach you Japanese.
ご希望なら日本語を教えられます。	I can teach you Japanese if you want.
私は日本語を教えるのが上手いですよ。	I'm good at teaching Japanese.
精一杯あなたの日本語のお手伝いをします。	I'll do my best to help you with your Japanese.
英語は初級クラスです。英語の勉強を助けてくれませんか？	I'm a beginner in English. Could you help me learn English?
1ヶ月に1,2度程度、文通をしたいと思っています。	I'd like to correspond with you once or twice a month.
興味があったら、ご一報ください。	If you're interested, please drop me a line.
お返事をいただけるとうれしいです。	I hope you'll write back.

3 手紙・メールをもらったとき

メールありがとう。	Thank you for your e-mail.
あなたからお手紙をいただき、とてもうれしかったです。	I was really glad to receive your letter.
ご連絡、ありがとうございます。	Thank you for contacting me.
お手紙をいただいて、うれしかったです。	Nice to hear from you.
お手紙をくださって、ありがとう。	Thank you for writing me.
ロンドンに住んでいらっしゃる方からご連絡をいただけて、うれしかったです。ロンドンは私の大好きな都市の1つです。	It was great to hear from someone who lives in London. London is one of my favorite cities.
もちろんイエスです。喜んであなたにお手紙を書きます。	Yes, of course, I'd love to write you.
イエス！私もあなたと文通を始めたいと思います。	Yes, I'd love to start corresponding with you.
私のホームページを楽しんでいただけて、うれしいです。	I'm glad you enjoyed my website.
もちろんイエス!! 私も手紙がいいです。次のメールであなたの住所をお知らせください。	Of course, yes!! I'd like snail mail. Please include your address in your next e-mail.
フルネームをお聞きしていませんでした。教えていただけるとうれしいです。	You didn't tell me your full name. I'd really like to know it.

次の手紙に、あなたのメールアドレスを書いておいてください。次回はメールします。	Please include your e-mail address in your next letter. I'll e-mail you next time.
日本語で書いた方がいいですか？	Do you want me to write in Japanese?
スペイン語でお書きになりたいなら、それでOKです。スペイン語は読めますから。	If you want to write in Spanish, that's fine. I can read Spanish.
どれくらいのペースでの文通をご希望ですか？	How often do you want me to write you?
よろしければ、月に2, 3回のペースで手紙を書きます。	I'll write you a few times a month if you like.
出張のため、返信に時間がかかることがあるかもしれませんが、そうでなければ、週に1回のペースで手紙を書きます。	I may sometimes take time to get back to you because I go on business trips, but otherwise I'll write you once a week.
次回のお手紙で、あなた自身のことについて教えてください。	Tell me about yourself in your next letter.
あなたのことについて少しお聞かせください。	Will you tell me something about yourself?
あなたのことについて、少し教えてください。	Will you give me some information about you?
あなたと言葉を交換できたり、あなたのことを知ることができるのは楽しいだろうと思います。	It would be nice to enjoy language exchange and to get to know you.

▶20 ペンパル募集

Chapter 21
自己紹介

Dear Kim,

Thank you for writing back.

That's great that you've taken up swimming.
I like swimming, too.
There is a nice indoor poor near my house and I go there once in a while.

I go to the gym on a regular basis.
I like to use the machines.
I'm too busy to go to the gym on weekdays, so I go on weekends.
It's a good way to relieve stress.

Take care and write soon.

Your new friend,

Eriko
Eriko

キムへ

お返事ありがとう。

スイミングを始められたのはすばらしいと思います。
私もスイミングは好きです。
自宅の近くにいい室内プールがあるので、時々そこへ行きます。

私は定期的にジムに通っています。
マシーンを使うのが好きなんです。
平日は忙しくてジムに通うことはできないので、週末に行っています。
ストレス発散にいいですよ。

体に気をつけて。またすぐにお便りください。

敬具
エリコ

1　自己紹介をします

私自身のことについて少しお話しします。	Let me tell you a bit about myself.
私のことをほんの少し話します。	Let me tell you just a little about myself.
次の手紙で、またもう少し私自身のことについて書きますね。	I'll write some more about myself in my next letter.

2　名前・年齢・出身

名前はヒカルと言います。	My name is Hikaru.
苗字は山口と言います。	My last name is Yamaguchi.
私は高校3年生です。	I'm in the last year at high school.
私は19歳（もうすぐ20歳）です。	I'm 19 (almost 20) years old.
24歳です。	I'm 24 years old.
今年25歳になります。	I'm turning 25 this year.
1980年生まれです。	I was born in 1980.
私の誕生日は7月です。	My birthday is in July.
私の誕生日は1980年2月26日です。	My birthday is February 26, 1980.

私は魚座です。	I'm a Pisces.
私は酉年です。	I'm a rooster.
北海道出身です。	I'm from Hokkaido.
私は北海道生まれ、東京育ちです。	I was born in Hokkaido and raised in Tokyo.
私はハワイで生まれましたが、ほとんど横浜で生活してきました。	I was born in Hawaii, but I've lived in Yokohama for most of my life.

星座	
Aries 牡羊座	Taurus 牡牛座
Gemini 双子座	Cancer 蟹座
Leo 獅子座	Virgo 乙女座
Libra 天秤座	Scorpio 蠍座
Sagittarius 射手座	Capricorn 山羊座
Aquarius 水瓶座	Pisces 魚座

干支	
rat 子	ox 丑
tiger 寅	rabbit 卯
dragon 辰	snake 巳
horse 午	sheep 未
monkey 申	rooster 酉
dog 戌	pig 亥

3　家族

私の家族は大家族です。	I have a big family.
私の家族は7人家族です。祖母、両親、兄(弟)が2人、姉(妹)が1人、そして私です。	There are seven people in my family: my grandmother, parents, two brothers, one sister, and I.
私は両親、姉と共に京都に住んでいます。	I live with my parents and a sister in Kyoto.
祖父は3年前に亡くなりました。	My grandfather died three years ago.

祖母は90歳です。とても健康で、自分の身の回りのことは全部できます。	My grandmother is 90 years old. She is in good health and can take care of herself completely.
父は仕事のため、離れて住んでいます。	My father lives away from home for his business.
週末は、東京で私たちと一緒に過ごします。	He stays with us in Tokyo on weekends.
父はコンピュータ会社に勤めています。	My father works in a computer company.
母は看護婦です。	My mother is a nurse.
シフト制で働いています。	She works shifts.
母は本屋でパートをしています。	My mother works part-time in a bookstore.
母は書道の先生です。	My mother is a calligraphy instructor.
彼女には70人近くの生徒がいます。	She has almost 70 students.
一番上の兄は大学に在学中で、家を離れています。	The oldest brother is away in college.
彼は法学を勉強しています。	He studies the law.
兄は夏休みと冬休みに実家に戻ってきます。	He comes home for summer and winter breaks.
姉は近所に住んでいるので、私はよく会いに行きます。	My sister lives in our neighborhood and I often visit her.

姉は結婚していますが、子供はいません。	My sister is married with no children.
彼女は美容師をしています。	She is a hairdresser.
私には3歳下の妹がいます。	I have a sister who is three years younger than I.
彼女は専門学校で看護を勉強しています。	She is going to study nursing in vocational school.
私と同じ高校に通っている妹がいます。	I have a little sister who is in the same high school as mine.
妹は大学生ですが、私とは違う大学です。	My sister is in college, which is different from mine.
私には兄弟姉妹がいません。	I have no brothers or sisters.
私は結婚しています。	I'm married.
結婚して10年になります。	I've been married for 10 years.
私は独身です。	I'm single.
私は3年前に離婚しました。	I've been divorced for three years.
私には彼がいます。数年のうちには結婚できるだろうと思います。	I have a boyfriend who I hope I can get married with in the next few years.
私は結婚していて、2人の子供がいます。	I'm married with two children.
私には娘が1人いて、幸せな結婚生活を送っています。	I'm happily married with a daughter.

私には 4 年生の息子と 3 歳の娘がいます。   I have a son who is in the fourth grade and a daughter who is 3.

上の娘メグミは中学 2 年生です。   My oldest daughter Megumi is in her second year in junior high school.

下の娘ヒロミは来年メグミと同じ中学校に入学します。   My youngest daughter Hiromi will join Megumi at her junior high school next year.

ヒロミはバスケットを、メグミはテニスをやっています。   Hiromi plays basketball, and Megumi plays tennis.

4 自分や家族・友達の性格

私はちょっとばかりシャイです。   I'm a little bit shy.

私は正直です。   I'm an honest person.

私はハッピーでのん気な性格です。   I'm a happy and easygoing person.

私は楽観的です。   I'm optimistic.

新しいことに挑戦するのが好きです。   I like trying new things.

私は時々、学校に遅刻します。もっと時間に厳しくならなくては。   I'm sometimes late for school. I have to be more punctual.

父は強い精神力を持っています。   My father has a strong mind.

父がもう少し融通のきく人だったら、と思うのですが。	I wish he were more flexible.
母は話し好き。友達と電話でしゃべるのが好きです。	My mother is talkative. She likes talking with her friends on the phone.
母の長所の1つは、とても思いやりがあるということです。	One of my mother's great qualities is that she is very caring.
母は気が若く、ロマンチックなところがあります。	She is young at heart and romantic.
兄は意欲的だし、よく働きます。	My brother is an ambitious and hard working person.
姉にはユーモアのセンスがあります。	My sister has a good sense of humor.
私の姉は活動的で、趣味もたくさんあります。	My sister is active and has many hobbies.
上の息子はとても活動的ですが、下の息子の方はおとなしくて、恥ずかしがりやです。	My oldest son is very active, but my youngest son is quiet and shy.
2人はまったく似ていません。	They don't resemble each other at all.
友達のタカシはシャイですが、知り合いになれば外交的になりますよ。	My friend Takashi is shy, but when he gets to know you, he can be outgoing.
彼はよく仕事をする人です。	He is a hard worker.

▶ 21 自己紹介

彼は信頼のおける人です。	He is a reliable person.
彼は現実的で、分別のある人です。	He is a down-to-earth and sensible person.
彼はいい人ですし、頭もいいです。	He is nice and smart.
ケイは快活な人です。	Kei is a cheerful person.
彼女は人なつっこいです。	She is friendly.
彼女はいつもニコニコしています。	She is always smiling.
キャシーはのんびりした人ですが、仕事で忙しい時はピリピリすることもあります。	Cathy is an easygoing person but can be tense when she is busy with her work.

5　容姿・ファッション

▶身長・体重

身長は5フィート8インチです。	I'm 5'8" high.
兄は背が高いのですが、私自身はそれほど高くありません。	My brother is tall, but I myself is not so tall.
身長は真ん中くらいです。	I'm medium height.
私は彼と背の高さが同じです。	I'm as tall as my boyfriend.
あなたほど背は高くありません。	I'm not so tall as you.
クラスでは一番背が高いです。	I'm the tallest in my class.

若い頃はやせていました。	I was thin when I was young.
結婚してから5kg太ってしまいました。	I've gained 5kg since I got married.
太っているので、運動しなければ。	I'm overweight. I have to get exercise.
夫は背が高くてスリムです。	My husband is tall and slim.
彼はスリムな体型を保つために、運動をしています。	He gets exercise to stay slim.

▶ヘアースタイル

私は髪の毛も目も黒色です。	I have black hair and black eyes.
2、3ヶ月に1度、髪を染めています。	I dye my hair every few months.
私の髪の色はダークブラウンです。	My hair is dark brown.
私はショートヘアーです。	I have short hair.
妹はショートヘアーでパーマをゆるくかけています。	My sister has short wavy hair.
私はストレートのロングヘアーです。	I have long straight hair.
私の髪は肩くらいの長さです。	My hair is at shoulder length.
私の髪は肩のちょっと下あたりまでの長さです。	My hair is just below shoulder length.

家族の写真を同封しています。ショートヘアーの女の子が私の妹です。

I'm enclosing a photo of my family. The girl who has short hair is my sister.

▶服装

カジュアルな服装が好きです。	I like casual clothing.
私はたいていジーンズをはいています。	I usually wear jeans.
スカートよりもパンツの方が好きです。	I prefer pants to skirts.
私は時々、母の服を着ることがあります。	I sometimes wear my mother's outfits.
時々母の古いコートやセーターをもらいます。	My mother sometimes gives me her old coats and sweaters.
私はたいていスーツを着ますが、ネクタイはつけません。	I usually wear a suit, but don't wear a tie.
私たちの学校には制服があるのですが、私はそれが気に入っています。	Our school has uniforms, and I like them.
私たちの会社にはダークブルーの制服とグリーンの制服があります。	Our company has dark blue uniforms and green ones.
私はいつもフラットシューズを履いています。	I always wear flat shoes.
ハイヒールは好きではありません。	I don't like high heels.

ハイヒールを履くことに慣れていないのです。	I'm not used to wearing high heels.

▶眼鏡・コンタクトレンズ

日中はコンタクトレンズをつけています。	I wear contact lenses during the day.
高校の頃に眼鏡をかけるようになりました。	I started wearing glasses when I was in high school.
家にいるときは眼鏡をかけています。	I wear glasses at home.
夏はサングラスをかけます。	I wear sunglasses in the summer.

6 仕事について

▶様々な仕事

私は美容師です。	I'm a hairdresser.
私は弁護士です。	I'm a lawyer.
私はレストランでウェイターとして働いています。	I work at a restaurant as a waiter.
私は家の近くのファミリーレストランで皿洗いの仕事をしています。	I work at a family restaurant near my house as a dishwasher.
私は病院の受付をしています。	I work at a clinic as a receptionist.

私は銀行に勤めています。	I work in a bank.
私はアメリカに本拠地をおく保険会社に勤めています。	I work in an American-based insurance company.
私は従業員300人の大きな会社で働いています。	I work in a big company with 300 employees.
私は友達が経営する語学学校で、週に3回英語を教えています。	I teach English three times a week at a language school run by one of my friends.
私は会社員でしたが、3年前にフリーカメラマンとなりました。	I was an office worker, but I started to work as a freelance photographer three years ago.
私はアルバイトでレジを担当しています。	I work part time as a cashier.
私は会社を経営しています。	I own my company.
私はコンピュータ会社を始めました。	I started a computer company.
将来は喫茶店を経営したいと思っています。	I want to run a coffee shop in the future.
2, 3年後には父の仕事を引きつぐことになっています。	I'm to take over my father's business in a few years.
私は看護婦をしていましたが、2年前に妊娠し、仕事を辞めました。	I was a nurse, but I quit my job two years ago when I got pregnant.
娘が小学校に入学したら、仕事に復帰したいと思っています。	I'd like to go back to work when my daughter enters elementary school.

▶通勤・勤務時間

私は毎朝7時23分の電車に乗ります。	I take the 7:23 train every morning.
私は車で通勤します。	I commute by car.
会社は私のマンションから40分間バスに乗ったところにあります。	My office is a 40-minute bus ride from my apartment.
自宅から会社まで2時間近くかかります。	It takes almost two hours from my house to my office.
最寄り駅までは自転車に乗ります。	I ride my bike to the nearest station.
まず新宿まで中央線に乗り、それから地下鉄に乗り換えます。	I take the Chuo Line to Shinjuku and then change to the subway.
ラッシュ時の電車は、乗客で混み合っています。	Trains are packed with passengers during rush hour.
池袋で私が乗り込むときには空いている座席はありません。	There are no seats left when I get on at Ikebukuro.
私はたいてい急行に乗るのですが、昨日は鈍行に乗りました。	I usually take an express train, but I took a local train yesterday.
鈍行なら、運がよければ座れます。	If you're lucky, you can find a seat on local trains.
最初、私は空いている席を見つけることができませんでした。	I couldn't find a vacant seat at first.
しかし、渋谷で私の前に座っていた女性が降りたので、座ることができました。	But as the woman who was sitting before me got off at Shibuya, I could get a seat.

| 今朝はおばあさんに席を譲ってあげました。 | I offered my seat to an old woman this morning. |

私はたいてい電車の中では新聞や雑誌を読みます。 | I usually read a newspaper or a magazine on trains.

座れたときには、たいてい居眠りをしてしまいます。 | When I get a seat, I usually take a nap.

9時に仕事を始めます。 | I start to work at 9.

開店が10時なので、遅くとも9時には到着していなければなりません。 | My shop opens at 10, so I have to arrive by 9 at the latest.

会社の営業時間は9時から5時までです。 | My company operates from 9 to 5.

5時に会社を出られることはめったにありません。 | I rarely leave my office at 5.

ほとんど毎日残業をします。 | I work overtime almost every day.

だいたい8時ごろに会社を出ます。 | I usually leave my office around 8.

たまに同僚と飲みに行きます。 | I sometimes go for a drink with my co-workers.

友達と飲みに行くことは好きですが、あまりたくさんのアルコールは飲めません。 | I like going for a drink with my friends, but I can't drink much alcohol.

帰宅途中、よくコンビニにふらりと入っては、食べ物や飲み物を買います。 | I often stop by a convenience store on the way home and buy some food and drinks.

たまに、コンビニで雑誌の立ち読みをして30分ほど過ごすこともあります。	I sometimes spend about half an hour reading magazines at a convenience store.
少しでも早く家に帰り着きたいので、私はまっすぐ家に帰ります。	I come straight home as I want to get home as early as possible.

▶仕事について思うこと

私は自分の仕事が好きです。	I like my job.
仕事はおもしろいと思いますが、ハード過ぎます。	I think my job is interesting, but it's too hard.
仕事は大変ですが、やりがいがあります。	My job is challenging and rewarding.
仕事はきつ過ぎます。もっと自由な時間が欲しいです。	My job is demanding. I want more free time.
仕事はきついのですが、給料はいいです。	My job is demanding, but the pay is good.
全国を回ることができるので、今の仕事は好きです。	I like my job, because I can travel around the country.
しょっちゅう出張に出なければいけないので、今の仕事は好きではありません。	I don't like my job, because I have to go on business trips too often.
私の仕事は退屈です。	My job is boring.
私の仕事は、主に書類のタイピングです。	My job is mainly typing documents.

データの入力作業は、そんなにストレスのたまるものではありません。	Inputting data isn't so stressful.
もっとクリエイティブなことを希望しています。	I want something more creative.
もっとわくわくするような仕事がしたいです。	I want to get a more exciting job.
前は自分の仕事が好きではなかったのですが、最近おもしろさがわかってきました。	I didn't like my job before, but recently I've found it interesting.
人事部で働くのは嫌です。	I don't like working in the personnel department.
営業部で働きたいと思っています。	I want to work in the sales department.
とても親切な上司に恵まれて幸せです。	I'm happy to have a very kind boss.
信頼できる人です。	He is a reliable person.
私たちの間で、とても人気があります。	He is very popular among us.
上司はとてもだらしない人です。	My boss is a very sloppy person.
私にやたらと仕事をさせます。	He makes me do too much work.
私の上司は理解のある人ですが、仕事に関しては厳しい人です。	My boss is understanding but strict about work.
会社を辞めようかと考えています。	I'm thinking of quitting my job.

結婚しても仕事は続けるつもりです。	I'm going to pursue my career after I get married.
赤ちゃんができたら、仕事を辞めようと思っています。	I'm going to quit my job when I have a baby.
子育てをしながら今の仕事を続けることは、私にはできません。	It seems impossible for me to pursue my career bringing up my children.
上司が残業しないことを許可してくれるのなら、子供ができた後も仕事を続けたいと思っています。	I want to carry on my job after I have a baby, if my boss allows me not to work overtime.

7 趣味

▶音楽

私はどんな種類の音楽でも聴きます。	I listen to any kind of music.
私はR&Bが好きです。	I like R&B.
私の大好きなシンガーはブリトニー・スピアーズです。	My favorite singer is Britney Spears.
私はジャミロクワイのCDをたくさん持っています。	I have a lot of Jamiroquai's CDs.
私はバッハが好きです。	I like Bach.

家で音楽を聴く時間はないのですが、車の中ではよく音楽を聴いています。	I don't have time to listen to music at home, but I often listen to music in my car.
友達とロックコンサートに行くのが大好きです。	I love going to rock concerts with my friends.
趣味はヴァイオリンを弾くことです。	My hobby is playing the violin.
私はピアノを10年くらい習っていました。	I learned the piano for about ten years.
フルートを習い始めました。	I've started to take flute lessons.
フルートを吹くのはとても楽しいです。	Playing the flute is much fun.
作曲をします。	I write music.
これまでに30曲以上は作曲しました。	I have written more than 30 pieces of music so far.
時々カラオケパブに行きます。	I sometimes go to karaoke pubs.
先日、カラオケバーに同僚と行きました。	I went to a karaoke bar with my colleagues the other day.
少なくとも20曲以上は歌ったと思います。	I think I sang at least 20 songs.
歌がうまいというわけではないのですが、歌うことが好きなのです。	I'm not a good singer, but I like singing.

▶ スポーツ

私はスポーツは積極的にやる方です。	I'm active in sports.
夏は水泳とスキューバダイビングを、冬はスケートとスキーを楽しみます。	I enjoy swimming and scuba diving in the summer and skating and skiing in the winter.
スノーボードに夢中になっています。	I'm absorbed in snowboarding.
学校のチームに所属して、サッカーをやっています。	I play soccer for my school team.
私は地元の野球チームに所属しています。	I'm on the local baseball team.
このあいだの週末は、野球の試合がありました。	We had a baseball game last weekend.
試合に勝ちました。	We won the game.
私はスポーツクラブの会員です。	I belong to a fitness club.
そこで私は、週に2,3回トレーニングをします。	I take exercise there a few times a week.
マシーンを使って運動するのが大好きです。	I'm very fond of getting exercise with the machines.
ジャズダンスを始めました。	I've taken up jazz dancing.
時々、ストリートダンスのクラスに参加します。	I sometimes join in the street dance class.
前はスポーツクラブの会員だったのですが、今は自宅でトレーニングをしています。	I was a member of a fitness club, but now I do exercise at home.

ほとんど毎朝、ランニングをしています。	I go running almost every morning.
ゴルフはやめました。今はテニスに夢中です。	I gave up playing golf. I'm now hooked on playing tennis.
健康のために家でヨガをやっています。	I do yoga at home to stay in shape.

▶読書

私はシェークスピアの作品を読んで楽しんでいます。	I enjoy reading Shakespeare's works.
ヘミングウェイは大好きな小説家です。	Hemingway is my favorite novelist.
私はSFを読みます。	I read science fiction.
Oヘンリーの短編小説が好きです。	I like the short stories by O Henry.
日本の歴史についての本を読むのが好きです。	I like to read books on Japanese history.
私は詩を読むのが好きです。	I like to read poetry.
特に、日本の現代詩を読むのが好きです。	Especially I like to read Japanese modern poetry.
ほとんど毎日、電車の中でペーパーバックを読んでいます。	I read a paperback on trains almost every day.
私は漫画が好きです。	I like comics.
ポケモンシリーズを集めています。	I collect the series of Pokemon.

▶ 映画・芝居

映画に興味があるようですね。私もアメリカ映画が大好きなんですよ。	You seem to be interested in movies, and I love American movies, too.
私はたいてい、月に２回映画を観に行きます。	I usually go to the movies twice a month.
日本映画よりもハリウッド映画の方が好きです。	I like Hollywood movies more than Japanese ones.
ハリウッド映画を字幕なしで楽しむことができたらいいなぁ、と思います。	I wish I could enjoy Hollywood movies without subtitles.
映画を観に行く時間がないので、ビデオをレンタルして週末に観ます。	I don't have time to go to the movies, so I rent videos and watch them on weekends.
今週末観ようと、ビデオを２本レンタルしてきました。	I've rented two videos for the weekend.
マサミは恋愛ものの映画が好きですが、私はアクション映画が好きです。	Masami likes romantic movies while I like action movies.
ホラー映画は観ません。	I don't see horror movies.
私はお芝居が好きです。	I love the theater.
蜷川幸雄のお芝居が好きです。	I like the plays directed by Yukio Ninagawa.
ミュージカルを観に行くのが好きです。	I like to go to see musicals.

▶ 21 自己紹介

▶旅行・アウトドア

私は旅行が好きです。	I like traveling.
私は自然の美しいところに行くのが好きです。	I like to visit places of natural beauty.
私はよくアジアの国々を訪れます。	I often travel in Asian countries.
休暇のときは、よく観光名所を訪れます。	I often visit tourist attractions on holidays.
私の趣味の１つは温泉に行くことです。	One of my hobbies is going to onsen.
私は温泉浴が大好きです。	I'm very much fond of hot spring bathing.
私は列車の旅が好きです。	I like to travel by train.
友達とキャンプに行くのが好きです。	I like to go camping with my friends.
私の趣味は釣りです。	My hobby is fishing.
ドライブが好きです。よく海岸線をドライブします。	I like driving. I often drive along the beach.

▶その他

私は切手を集めています。	I collect stamps.
私の趣味は料理です。	My hobby is cooking.
中華料理が得意です。	I'm good at cooking Chinese food.

パンを焼くことに夢中になっています。	My passion is baking bread.
暇なときはコンピュータゲームをしています。	I spend my spare time playing computer games.
私は絵に興味があるので、よくアートギャラリーに行きます。	I'm interested in paintings and often go to art galleries.
私自身も絵を描きます。	I myself paint pictures.

8 住んでいるところについて

▶住んでいる町

私は横浜の郊外に住んでいます。	I live in the suburbs of Yokohama.
私は東京の都心部に住んでいます。	I live in the metropolitan area of Tokyo.
私は東京に10年近く住んでいます。	I've lived in Tokyo for almost 10 years.
私は九州の小さな街に住んでいます。	I live in a small city in Kyushu.
私は日本の南部にある九州で、生まれ育ちました。	I was born and brought up in Kyushu, which is the southern part of Japan.
九州の気候は温暖ですが、夏はひどく暑くなることがあります。	The climate of Kyushu is mild, but it can get terribly hot in the summer.

結婚して以来、ずっと北海道に住んでいます。	We've lived in Hokkaido since we got married.
一番近い大きな都市は札幌です。	Our nearest big city is Sapporo.
10歳のときに大阪に引っ越しました。	I moved to Osaka when I was ten years old.
仕事の都合で、こちらに2年前に引っ越してきました。	I moved here two years ago because of my business.
名古屋市内で3回引っ越しをしました。	I have moved three times in Nagoya City.
最初は都会の生活に慣れることができませんでした。	I couldn't get used to city life at first.
私の住んでいる街はこの10年でずいぶん変わりました。	My town has changed very much in the last ten years.

▶ 家・マンション

私は大学に隣接している寮に住んでいます。	I live in the dormitory next to my college.
今は東京の生活を楽しんでいます。	I enjoy life in Tokyo now.
私は東京の中野区のマンションに住んでいます。	I live in an apartment in Nakano-ku, Tokyo.
私は1年生のときから賃貸マンションに住んでいます。	I've lived in a rented apartment since I was a freshman.
私の家はマンションの3階です。	My apartment is on the third floor.

友人が同じ建物の最上階に住んでいます。	My friend lives on the top floor of the same building.
友達のエリと一緒に住んでいます。	I live with my friend Eri.
うちのマンションにはエレベーターがありません。	My apartment doesn't have an elevator.
妊娠中は、3階まで階段をのぼるのは大変でした。	It was hard for me to go up the stairs to the third floor while I was pregnant.
うちのマンションは1階にコンビニがあるので、気に入っています。	I like my apartment because it has a convenience store on the first floor.
私のマンションは、にぎやかな通りに面しています。	My apartment faces a busy street.
私のマンションからは下に小さな公園が眺められます。	My apartment overlooks a small park.
私のマンションは買い物に不便です。	My apartment is inconvenient for shopping.
家賃が安いです。	The rent is cheap.
私の家は住宅地にあります。	My house is in the residential area.
子供たちの学校に近いので、この家を買うことに決めました。	We decided to buy this house as it is near our children's school.
この辺りは静かなところです。	Our neighborhood is quiet.
近所にお店がありません。	There's no shop in the neighborhood.

一番近いスーパーマーケットに行くのに15分以上かかります。	It takes more than 15 minutes to go to the nearest supermarket.
私の家は病院の隣です。	My house is next to a clinic.
この地域には店、喫茶店、レストランなどがたくさんあります。	This area is full of shops, cafés, and restaurants.
私の家は地下鉄の駅から歩いて1分です。	My house is a one minute walk from the subway station.

9 学校のこと

▶学生

私は地元の高校に通っている学生です。	I'm a student at a local high school.
私は高校2年生です。	I'm in my second year at high school.
去年、山口高校を卒業しました。	I graduated from Yamaguchi High School last year.
この春に地元の公立高校を卒業したばかりです。	I just graduated from a local public high school this spring.
私は大学1年生です。	I'm a freshman.
私は大学生です。	I'm a university student.
私は神奈川大学の学生です。	I'm a student at Kanagawa University.

私は九州女子短期大学を卒業し、その後、広島大学に入学しました。	I finished Kyushu Women's Junior College and then went to Hiroshima University.
病気のため、去年は1年間大学を休学しました。	I took a year's leave from college because of my illness.
4月に復学しました。	I came back to college in April.
私の大学は音楽を専門としている学校です。	My college is specialized in music.
私は千葉大学で経済学を勉強しています。	I'm at Chiba University studying economics.
私は今、薬剤師をめざして大学で勉強しています。	I'm in college studying to be a pharmacist.
教育学部に在籍しています。将来は小学校の先生になりたいと思っています。	I'm at the Department of Education. I want to be an elementary school teacher in the future.
専攻は日本史です。	My major is Japanese history.
経営学を専攻しています。	I'm majoring in business administration.
私は2年前に大学を中退しました。	I dropped out of college two years ago.
私は今、最終学年です。大学院に進学することを考えています。	I'm in my last year. I'm thinking of moving on to graduate school.
卒業後は大学院に進学して、勉強を続けようと思っています。	After graduation, I'm going to go to graduate school to continue my studies.

私は大学院生です。	I'm a postgraduate.
私は今、日本語の方言について研究しています。	I'm currently doing research into the Japanese dialects.

▶年間行事

入学式は4月の初めに行われます。	The entrance ceremony is held at the beginning of April.
入学式は体育館で行われます。	The entrance ceremony is held in the gymnasium.
毎年学校で5月に健康診断を受けます。	We get a health checkup at school in May every year.
7月に期末試験があります。	We have the final tests in July.
夏休みは7月21日からです。	Summer vacation starts on July 21.
夏休みは40日間あります。	We have a forty-day summer vacation.
夏休みの宿題がたくさんあります。	We have much homework for summer vacation.
毎年10月に運動会があります。	We have a sports day in October every year.
たいてい第3日曜日に行われます。	It's usually held on the third Sunday.
学園祭は3日間行われます。	The school festival lasts three days.

クッキーやハンバーガーを販売します。	We sell cookies and hamburgers.
演劇部が演劇の公演を行います。	The members of the drama club perform some plays.
書道部や美術部が作品の展示をします。	The calligraphy club and the art club show their works.
冬休みは短いです。	Winter break is short.
1月8日から学校がまた始まります。	We have to go back to school on January 8.
多くの私立学校では、2月に入試を行います。	Most private schools have entrance examinations in February.
卒業式は3月後半に行われます。	The graduation ceremony is held in late March.
春休みの宿題はありません。	We have no homework for spring break.

▶科目

勉強を楽しんでいます。	I'm enjoying my studies.
去年中国語の授業をとり、中国の文化や歴史に興味を持ちました。	I took a class in Chinese last year, and got interested in Chinese culture and history.
私は語学を勉強するのが好きです。	I like learning languages.
つい最近、フランス語の勉強を始めました。	I just recently started studying French.

私はスペイン語初級（中級 / 上級）コースの授業をとっています。	I'm taking a beginners' (intermediate / advanced) Spanish course.
初級クラスに合格すれば、2年生か3年生で中級のクラスを受講できます。	If we pass the beginners' course, we can take the intermediate course in our second year or third year.
大学在学中に、英語の勉強をしにアメリカに行ってみたいと思っています。	I want to go to America to study English while I'm in college.
私は化学が得意です。	I'm good at chemistry.
私は物理が大嫌いです。	I hate physics.
物理学は必修ではありません。	Physics is not compulsory.
物理学は選択科目です。	Physics is an elective subject.
私は化学は得意ではありません。	I'm not good at chemistry.
化学をとっておけばよかったと思います。	I wish I had taken chemistry.

▶ クラス

私たちの学年には5クラスあります。	There are 5 classes in our grade.
各クラスには約40人の学生がいます。	There are about forty students in each class.
私は担任の先生が好きです。	I like my homeroom teacher.
私たちの先生は、授業を進めるのがとても早いです。	Our teacher goes too fast.

私たちのクラスは今、フランス革命のところをやっています。	We're going over French Revolution.
歴史の授業はとてもおもしろいです。	The history class is very interesting.
私たちの英語の先生であるグラント先生は、毎回課題を出します。	Mr. Grant, who is our English teacher, gives an assignment every time.
毎週小テストをします。	He gives quizzes every week.

10 相手のことについて尋ねる

▶年齢

あなたの誕生日はいつですか？	When is your birthday?
何年生ですか？	Which year are you in?

▶家族のこと

ご兄弟はいらっしゃいますか？	Do you have any brothers or sisters?
あなたのお兄さんも大学生ですか？	Is your brother a university student, too?
ご家族と一緒に住んでいらっしゃるのですか？	Do you live with your family?

結婚していらっしゃるのですか？	Are you married?
お子さんは何人いらっしゃるのですか？	How many children do you have?
お子さんたちはおいくつですか？	How old are your children?

▶住んでいるところ

お住まいはどちらですか？	Where do you live?
ロンドンに住んでいらっしゃるのですか？	Do you live in London?
その大学の近くに住んでいらっしゃるのですか？	Do you live near the university?

▶仕事のこと

あなたのお仕事について教えてください。	Please tell me about your job.
お仕事は何をなさっているのですか？	What do you do?
編集者の方ですか？	Are you an editor?
会社ではどういうことをなさっているのですか？	What do you do at the office?
あなたの仕事の、一番の魅力はどんなところですか？	What is the best part of your job?
あなたの仕事はおもしろそうですね。	Your work sounds interesting.

パイロット!! 私も若い頃、パイロットになりたいと思っていました。	A pilot!! I also wanted to be a pilot when I was young.
通勤にはどれくらいかかりますか？	How long does it take to get to your office?
そのデパートに勤務して、どれくらいになりますか？	How long have you worked for the department store?
そのコンピュータ会社には、何年勤務なさったのですか？	How many years did you work at the computer company?
なぜ、その会社をお辞めになったのですか？	Why did you leave the company?
忙しそうですね。週末も働いていらっしゃるのですか？	You seem busy. Do you work on weekends, too?
時々は夜勤もなさるんですか？	Do you sometimes work night shifts?
よく出張がありますか？	Do you often go on business trips?
どちらの国にいらっしゃるのですか？	Which countries do you visit?
日本にいらしたことはありますか？	Have you been to Japan?

▶ 趣味

あなたの趣味は何ですか？	What are your hobbies?
どんな趣味をお持ちですか？	What hobbies do you have?
テニスはなさいますか？	Do you play tennis?

水泳はお好きですか？	Do you like swimming?
どれくらいの頻度で水泳をなさるんですか？	How often do you swim?
フランスではサッカーは人気がありますか？	Is soccer popular in France?
よくサッカーの試合を見にいらっしゃるんですか？	Do you often go to watch soccer games?
バスケットボールチームに入っていらっしゃるんですか？	Are you on a basketball team?
歌舞伎に興味はありますか？	Are you interested in kabuki?
詩を読むのは好きですか？	Do you like to read poetry?
日本の現代詩を読んでみたいと思いますか？	Do you want to read Japanese modern poetry?
少しお送りしましょうか？	Shall I send you some?
どういった音楽がお好きですか？	What kind of music do you like?
宇多田ヒカルをご存知ですか？	Have you ever heard of Hikaru Utada?
あなたの好きなシンガーはだれですか？	Who is your favorite singer?
何か楽器を演奏なさいますか？	Do you play any instruments?
ピアノのレッスンを受けていらっしゃるのですか？	Do you take piano lessons?

どのくらい長く、ピアノを習っているのですか？	How long have you learned the piano?
ピアノのレッスンはどのくらいの回数ですか？	How often do you take piano lessons?
最近何かいい映画をご覧になりましたか？	Have you seen any good movies recently?
ラブストーリーとSF映画とでは、どちらが好きですか？	Which do you like better, love stories or science fiction?

著者紹介

石橋和代（いしばし　かずよ）

1965年長崎県佐世保市生まれ。津田塾大学卒業後、青山学院大学大学院に進学し、イギリス小説を専攻。マーガレット・ドラブルやカズオ・イシグロなど、主に現代イギリス小説を研究。

青山学院大学、武蔵野大学、関東学院大学などで非常勤講師を務める。著書に「すてきな女性の英文手紙」（大泉書店）、「英文手紙の書き方」「英語で日本の生活を説明する」（ベレ出版）がある。

Eメール・手紙で使う英語表現集

2004年2月25日　初版発行
2004年11月24日　第4刷発行

著者	石橋　和代
カバーデザイン	竹内　雄二
DTP	WAVE　清水　康広

©Kazuyo Ishibashi 2004. Printed in Japan

発行者	内田　眞吾
発行・発売	ベレ出版

〒162-0832　東京都新宿区岩戸町12　レベッカビル
TEL.03-5225-4790　FAX.03-5225-4795
ホームページ　http://www.beret.co.jp/
振替 00180-7-104058

印刷	株式会社三光デジプロ
製本	根本製本株式会社

落丁本・乱丁本は小社編集部あてにお送りください。送料小社負担にてお取り替えします。

ISBN 4-86064-047-0 C2082　　　　　編集担当　新谷友佳子